CÉU

II

"Os doze portões eram doze pérolas,
cada portão feito de uma única pérola.
A rua principal da cidade era de ouro puro,
como vidro transparente."
(Apocalipse 21:21)

CÉU

II

Cheio da Glória de Deus

DR. JAEROCK LEE

URIM
BOOKS

CÉU II (CHEIO DA GLÓRIA DE DEUS) : escrito por Dr. Jaerock Lee
Publicado por Livros Urim (Representante: Seongnam Vin)
235-3, Guro-dong3, Guro-gu, Seul, Coréia do Sul
www.urimbooks.com

Os textos das referências bíblicas foram extraídos da Bíblia de Nova Versão Internacional (NVI), salvo indicação específica.

Publicado anteriormente em coreano pela Livros Urim(Urim Books), em 2002

Primeira Publicação em Abril de 2012

Editado por Geumsun Vin
Tradução Inglês-Português: Ana Gabriela Baêta e Álvaro César Ramírez
Revisão Português; Éber Assis dos Santos e Vânia Maria Costa Sá dos Santos
Design criado pelo Editorial da Livros Urim
Impresso pela *Yewon Printing Company*
Para mais informações, entre em contato: urimbook@hotmail.com

 PREFÁCIO

Que você possa de fato se tornar filho de Deus e compartilhar o verdadeiro amor na eterna alegria e felicidade da Nova Jerusalém, onde abunda o amor de Deus...

Ofereço toda gratidão e glória a Deus Pai, que me revelou claramente a vida no céu e nos abençoou para que pudéssemos publicar *Céu I: Claro e Lindo como Cristal,* e agora *Céu II: Cheio da Glória de Deus.*

Querendo sempre saber em detalhes sobre como seria o céu, punha-me a orar e a jejuar continuamente. Depois de sete anos, Deus finalmente respondeu minhas orações e hoje Ele tem revelado mistérios ainda mais profundos sobre o mundo espiritual.

No primeiro dos dois livros da série Céu, fiz uma breve introdução sobre os vários lugares celestiais, categorizando-os em

Paraíso, o Primeiro Reino, o Segundo Reino, o Terceiro Reino e a Nova Jerusalém. Já o segundo livro da série explorará de forma mais detalhada a parte mais linda e gloriosa do céu – a Nova Jerusalém.

O Deus de amor mostrou a Nova Jerusalém ao apóstolo João e permitiu que ele a registrasse na Bíblia. Nos dias de hoje, uma vez que a vinda de Jesus nunca esteve tão próxima, Deus está derramando o Espírito Santo em inúmeras pessoas e revelando a elas o céu com seus mínimos detalhes. Ele faz isso para que, assim, os não-crentes, em todo o mundo, possam passar a acreditar que a vida após a morte consiste em céu e inferno, e que aqueles que confessarem sua fé em Cristo levarão vidas vitoriosas Nele e se empenharão em espalhar o evangelho por todo o globo terrestre.

É por essa razão que o apóstolo Paulo, que foi encarregado de difundir o evangelho aos Gentios, admoestou seu filho espiritual, Timóteo, dizendo: *"Você, porém, seja moderado em tudo, suporte os sofrimentos, faça a obra de um evangelista, cumpra plenamente o seu ministério"* (2 Timóteo 4:5).

Deus mostrou-me claramente o céu e o inferno em revelação,

para que eu pudesse espalhar os relatos das eras em todos os quatro cantos do mundo. Deus quer que todos recebam a salvação; Ele não deseja ver uma alma sequer caindo no inferno, mas quer que o maior número de pessoas possível entre na Nova Jerusalém e ali viva perpetuamente.

Portanto, ninguém deve julgar ou condenar as presentes mensagens, que me foram reveladas por Deus, através do Espírito Santo.

Em *Céu II*, você encontrará preciosos segredos em relação ao céu, como a aparência de Deus, que existe desde antes do início dos tempos; do trono de Deus e coisas do tipo. Acredito que tais detalhes e relatos darão imensa alegria e felicidade a todas aquelas pessoas que esperam pelo céu ansiosamente.

A Cidade de Nova Jerusalém, construída pelo amor imensurável e poder assombroso de Deus, é cheia de sua glória. Na Nova Jerusalém estão a cúpula espiritual, da qual o próprio Deus formou a Trindade, a fim de cumprir a cultivação humana, e o seu Trono. Você consegue imaginar o quão magnificente, linda e cheia de brilho ela deve ser? É um lugar tão santo e fantástico que o entendimento humano realmente não conseguiria conceber!

Dessa forma, devemos perceber que a Nova Jerusalém não é para todos aqueles que recebem a salvação, mas somente para os filhos de Deus, cujos corações, depois de cultivados nessa terra por um longo tempo, se tornaram puros e claros como cristal.

Ofereço meus agradecimentos especiais ao Sr. Geumsun Vin, diretor da Secretaria Editorial, e ao pessoal e à Empresa de Tradução desta publicação.

Abençôo, em nome do Senhor, todo aquele que ler este livro, de modo que possa se tornar um filho de Deus de fato e compartilhar o amor verdadeiro em eterna felicidade e alegria na Nova Jerusalém, que é cheia da glória de Deus!

Jaerock Lee

⟪ INTRODUÇÃO ⟫

Que você seja abençoado, à medida que descobrir os mais lúcidos detalhes da Nova Jerusalém, e possa habitar na eternidade o mais próximo possível do trono de Deus...

Ofereço toda a glória e todos os meus agradecimentos a Deus, que nos abençoou para publicarmos *Céu I: Claro e Lindo como Cristal* e agora a sua seqüência, *Céu II: Cheio da Glória de Deus.*

Este livro consiste em nove capítulos, todos fornecendo uma clara descrição do lugar mais santo e lindo do céu, a Nova Jerusalém, em termos de tamanho, esplendor e o funcionamento da vida ali.

O Capítulo 1, "Nova Jerusalém: Cheia da Glória de Deus," oferece um visão geral da Nova Jerusalém e desvenda mistérios como o trono de Deus e o topo do mundo espiritual no qual

Deus formou a si mesmo, fazendo a Trindade.

O Capítulo 2, "Os Nomes das Doze Tribos e os Doze Apóstolos," descreve a aparência da parte de fora da Cidade de Nova Jerusalém. Ela é rodeada por enormes muros, e os nomes das Doze Tribos de Israel estão escritos sobre os doze portões da Cidade, em todos os quatro lados. Nos doze fundamentos da Cidade estão os nomes dos Doze Apóstolos, e a razão disso será explicada juntamente com seu significado.

No Capítulo 3, "O Tamanho da Nova Jerusalém," você poderá saber sobre a aparência e a dimensão da Nova Jerusalém. Esse capítulo explica por que Deus mede o tamanho da Nova Jerusalém com uma vara de ouro e porque, para entrar nessa Cidade, as pessoas devem possuir todas as qualificações espirituais pertinentes, medidas pela vara de ouro.

O Capítulo 4, "Feita de Puro Ouro e Pedras Preciosas de Todas as Cores," explora em detalhes cada material com os quais a Cidade de Nova Jerusalém é construída. Toda a Cidade é decorada com ouro puro e pedras preciosas, e o capítulo descreve a beleza de suas cores, brilho e de seu reluzir. Além disso, ao explicar a razão pela qual Deus adornou os muros da Cidade com jaspe e toda a Nova Jerusalém com ouro puro e claro como vidro, o capítulo também discute a importância da fé espiritual.

No Capítulo 5, "Os Significados Dos Doze Fundamentos," você irá aprender sobre os muros da Nova Jerusalém construídos sobre doze alicerces, e a beleza e o significado espiritual da jaspe, safira, calcedônia, esmeralda, sardônio, sárdio, crisólito, berilo, topázio, crisópraso, jacinto e ametista. Quando relacionamos cada pedra preciosa com seu significado espiritual, entendemos mais sobre o coração de Deus e seu Filho, Jesus Cristo. O capítulo nos incentiva a alcançar os corações simbolizados pelas doze pedras, para que possamos, assim, entrar na eternidade e habitar na Cidade de Nova Jerusalém.

O capítulo 6, "Os Doze Portões de Pérola e a Rua de Ouro," explica as razões e o significado do fato de Deus ter feito os doze portões de pérola e a rua de ouro que é clara como vidro. Assim como a concha produz a pérola preciosa depois de passar por um doloroso e longo processo, o capítulo nos incentiva a correr em direção aos Doze Portões de Pérola da Nova Jerusalém, superando todos os tipos de tribulações e provações, em fé e com esperança.

O Capítulo 7, "O Lindo Espetáculo," nos leva para dentro

dos muros da Nova Jerusalém, que está sempre fortemente iluminada. Você aprenderá o significado espiritual da frase: "Deus e o Cordeiro são seu templo," o tamanho e a beleza do castelo no qual o Senhor reside e a glória das pessoas que entrarão na Nova Jerusalém para passar toda a sua eternidade com Ele.

O Capítulo 8, "Eu Vi a Cidade Santa, a Nova Jerusalém" nos apresenta a casa de um indivíduo, dentre os muitos que levarão uma vida fiel e santificada na terra, que está para receber grandes recompensas no céu. Você poderá ter uma idéia dos felizes dias que poderá passar na Nova Jerusalém, lendo sobre os vários tamanhos das casas celestiais e seu esplendor, suas instalações e sobre a vida em geral no céu.

O nono e último Capítulo, "O Primeiro Banquete na Nova Jerusalém," nos leva à cena do primeiro banquete, que acontecerá na Nova Jerusalém depois do Julgamento do Grande Trono Branco. Com a introdução de alguns patriarcas da fé que habitam perto do trono de Deus, *Céu II* se conclui abençoando cada leitor (a) para que tenha um coração que seja puro e claro como cristal e assim ele/ela possa viver perto do trono de Deus na Nova Jerusalém.

Quanto mais você aprende sobre o céu, mais magnífico ele se torna. A Nova Jerusalém, que pode ser considerada o "núcleo" do céu, é onde você encontrará o trono de Deus. Se você sabe sobre a beleza e a glória da Nova Jerusalém, você certamente esperará ansiosamente pelo céu e será esclarecido quanto à sua vida em Cristo.

Uma vez que o tempo da volta de Jesus (antes da qual Ele terminará de preparar nossas moradias no céu) está extremamente próximo, com *Céu II: Cheio da Glória de Deus* eu espero que você se prepare para a sua vida eterna.

Oro, em nome do Senhor Jesus Cristo, para que você possa habitar perto do trono de Deus, santificando-se com fervorosa esperança de vida na Nova Jerusalém e sendo fiel em todas as coisas no que diz respeito aos deveres que nos foram dados por Deus.

Geumsun Vin
Diretor da Secretaria Editorial

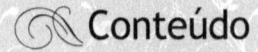

Conteúdo

Capítulo 1

Nova Jerusalém:
Cheia da Glória de Deus

Ele me levou no Espírito a um grande
e alto monte e mostrou-me a Cidade Santa,
Jerusalém, que descia dos céus, da parte
de Deus. Ela resplandecia com a glória de
Deus, e o seu brilho era como o de uma jóia
muito preciosa, como jaspe, clara como cristal.

- Apocalipse 21:10-11

O céu é um terreno dentro do mundo tetra-dimensional, controlado pelo próprio Deus do amor e da justiça. Embora não seja visível a olhos nus, o céu existe. Agora imaginemos: quanta felicidade, alegria, gratidão e glória têm sido transbordadas no céu já que ele é o melhor presente que Deus preparou para seus filhos que receberam a salvação!...

No céu, no entanto, existem diferentes lugares para se morar. Há a Nova Jerusalém na qual está o trono de Deus e há também o Paraíso, onde as pessoas que se contentaram apenas em ser salvas (não se dedicaram a cumprir os deveres dados por Deus) vivem eternamente. Assim como a vida em uma cabana e a vida em

1

um castelo de um rei se difere significativamente uma da outra nesta terra, há uma diferença marcante entre o Paraíso e a Nova Jerusalém em termos de glória.

Entretanto, alguns crentes consideram o "céu" e a "Nova Jerusalém" a mesma coisa e alguns, inclusive, nem sabem da existência da Nova Jerusalém. Isso é realmente uma pena, pois sabendo a respeito do céu, já não é fácil ir para lá... Como, pois, pode alguém avançar para a Nova Jerusalém sem mesmo saber de sua existência?

Por isso Deus revelou a Nova Jerusalém ao apóstolo João e deixou que ele a relatasse detalhadamente na Bíblia. Apocalipse 21 descreve a Nova Jerusalém cuidadosamente, e João foi colocado do lado exterior para observá-la.

Ele confessou em Apocalipse 21:10-11: *"Ele me levou no Espírito a um grande e alto monte e mostrou-me a Cidade Santa, Jerusalém, que descia dos céus, da parte de Deus. Ela resplandecia com a glória de Deus, e o seu brilho era como o de uma jóia muito preciosa, como jaspe, clara como cristal."*

Por que, então, a Nova Jerusalém está cheia da glória de Deus?

O Trono de Deus Está na Nova Jerusalém

É na Nova Jerusalém que se encontra o trono de Deus. Quão gloriosa ela será, se o próprio Deus habita ali!

É por essa razão que vemos pessoas dando glória, graças e honra a Deus dia e noite em Apocalipse 4:8: *"Cada um deles tinha seis asas e era cheio de olhos, tanto ao redor como por baixo das asas. Dia e noite repetem sem cessar: 'Santo, santo, santo é o Senhor, o Deus todo-poderoso, que era, que é e que há de vir.'"*

A Nova Jerusalém é também chamada de "Cidade Santa" porque é renovada com a Palavra de Deus, que é verdadeira, imaculada e a própria luz, sem nenhuma escuridão em Si. Jerusalém é o lugar onde Jesus, que veio em carne para abrir o caminho da salvação para toda a humanidade, pregou o evangelho e cumpriu a Lei com amor. Portanto, Deus construiu a Nova Jerusalém para que todos os crentes que cumprissem a Lei com amor pudessem habitar nela.

O trono de Deus no centro da Nova Jerusalém

Então, onde, na Nova Jerusalém, está o trono de Deus? A resposta nos é revelada em Apocalipse 22:3-4:

Já não haverá maldição nenhuma. O trono de Deus e do Cordeiro estará na cidade, e os seus servos o servirão. Eles verão a sua face, e o seu nome estará em suas testas....

O trono de Deus está localizado no centro da Nova Jerusalém e somente aqueles que obedecem à Palavra de Deus como servos obedientes podem entrar lá e ver a face de Deus.

Isso porque Deus nos diz em Hebreus 12:14: *"Esforcem-se para viver em paz com todos e para serem santos; sem santidade ninguém verá o Senhor,"* e em Mateus 5:8: *"Bem-*

3

aventurados os puros de coração, pois verão a Deus."

Portanto, podemos ver que nem todos podem entrar na Nova Jerusalém onde está o trono de Deus, da mesma maneira que, até mesmo neste mundo, não é qualquer um que pode entrar na sala ou no edifício onde o rei ou presidente estão e vê-lo face a face.

Como é o trono de Deus? Algumas pessoas podem achar que é apenas como uma grande cadeira; mas não é. Em simples palavras, o trono de Deus é o lugar onde Deus senta, mas se o analisarmos de uma maneira mais ampla, ele se refere ao lugar onde Deus reside.

Dessa forma, o "trono de Deus", no centro de Jerusalém, se refere à habitação de Deus, e ao seu redor estão um arco-íris e os tronos dos vinte e quatro anciãos.

O arco-íris e os tronos dos 24 anciãos

Você pode sentir a beleza, a magnificência e o tamanho do trono de Deus em Apocalipse 4:3-6:

Aquele que estava assentado era de aspecto semelhante a jaspe e sardônio. Um arco-íris, parecendo uma esmeralda, circundava o trono, ao redor do qual estavam outros vinte e quatro tronos, e assentados neles havia vinte e quatro anciãos. Eles estavam vestidos de branco e na cabeça tinham coroas de ouro. Do trono saíam relâmpagos, vozes e trovões. Diante dele estavam acesas sete lâmpadas de fogo, que são os sete espíritos de Deus.

Muitos anjos e hostes celestiais estão servindo a Deus. Há também muitas outras criaturas como querubins e os quatro seres viventes que estão de guarda diante de Deus. Em frente ao trono de Deus há também um mar de vidro e a visão disso é muito linda; os muitos tipos de luz que rodeiam o trono refletem em tal mar.

Como os vinte e quatro anciãos cercam o trono de Deus? Doze deles ficam atrás do Senhor e os outros doze atrás do Espírito Santo. Esses vinte e quatro anciãos são indivíduos santificados e têm o direito de testemunhar diante de Deus.

O trono de Deus é extremamente lindo, magnífico e grande, indo além de qualquer ilustração que a imaginação humana possa arquitetar.

O trono original de Deus

Atos 7:55-56 reconta a visão que Estêvão teve do trono do Cordeiro, à direita do trono de Deus:

Mas Estêvão, cheio do Espírito Santo, levantou os olhos para o céu e viu a glória de Deus, e Jesus em pé, à direita de Deus, e disse: "Vejo os céus abertos e o Filho do homem em pé, à direita de Deus."

Estêvão veio a ser um mártir ao ser apedrejado porque pregava calorosamente o evangelho de Jesus Cristo. Pouco antes de morrer, seus olhos espirituais foram abertos e ele pôde ver o Senhor levantar-se à direita do trono de Deus. O Senhor não conseguiu permanecer sentado sabendo que Estêvão logo se tornaria um mártir pelos judeus que tinham ouvido Sua mensagem. Ele se levantou de Seu trono e derramou lágrimas ao assistir Estêvão sendo apedrejado até a morte; e Estêvão viu essa cena espiritual.

No entanto, é preciso que percebamos que o trono de Deus visto por Estêvão e o trono que o apóstolo João viu na Nova Jerusalém são duas coisas diferentes.

Antigamente, quando o rei deixava seu palácio para andar pelo país e ver seu povo, seus servos construíam um lugar que parecesse com um palácio para que o rei pudesse ficar temporariamente. Da mesma maneira, o trono de Deus na Nova Jerusalém não é o trono onde Deus geralmente fica.

Deus existia sozinho em forma de luz.

Deus existia por si só, abraçando todo o universo antes mesmo do começo dos tempos (Êxodo 3:14; João 1:1; Apocalipse 22:13). Logo, o universo não era o mesmo universo que vemos hoje, mas era apenas um único espaço, antes da divisão dos mundos em físico e espiritual. Deus existia em forma de luz e iluminava em todo o universo.

Ele não era um simples feixe de luz, mas existia em forma de uma luz brilhante e com lindas cores (como aquelas que vemos em arco-íris). Você pode entender isso melhor se pensar nas auroras que são vistas no Pólo Norte. Uma aurora é um grupo de cores diferentes de luz, espalhadas em algo como se fosse uma cortina; e dizem que essa visão é tão linda que todos que a vêem nunca mais se esquecem de sua beleza.

Então, quanto mais bonitas são as luzes de Deus – que é a luz em Si – como podemos expressar o esplendor de tantas cores misturadas?

Essa é a razão pela qual 1 João 1:5 diz: *"Esta é a mensagem que dele ouvimos e transmitimos a vocês: Deus é luz; nele não há treva alguma."* "Deus é luz" tem seu significado espiritual e também descreve a aparência de Deus, que existe como luz desde o princípio.

Esse Deus verdadeiro, que antes do começo dos tempos existia sozinho em forma de luz no universo, se encheu de voz. Deus existiu em forma de luz cheia de voz, e essa voz é exatamente "a Palavra" à qual João 1:1 faz alusão: *"No princípio era aquele que é a Palavra. Ele estava com Deus, e era Deus."*

A Noiva do Cordeiro

Deus dá o Espírito Santo, como um dom, àqueles que aceitam Jesus Cristo como seu Salvador e faz com que dêem luz a seu espírito. Assim, eles se tornam filhos de Deus cujos corações refletem o coração de seu Senhor. Quando eles se tornam filhos verdadeiros ("verdadeiro" no sentido metafórico da palavra) de Deus, Ele então os recompensa com a Nova Jerusalém.

Deus quer que todas as pessoas reflitam seu coração e entrem na Nova Jerusalém. No entanto, Ele também é misericordioso com aqueles que não cumpriram tal nível de santificação durante a cultivação humana. Ele dividiu o reino do céu em vários lugares, desde o Paraíso (no primeiro céu), até o Segundo e o Terceiro reinos do Céu e recompensa Seus filhos de acordo com o que fizeram.

Deus dá a Nova Jerusalém aos seus verdadeiros filhos que são completamente santificados e foram fiéis em tudo em Sua casa. Ele construiu a Nova Jerusalém em memória a Jerusalém, a fundação do evangelho.

Podemos ver em Apocalipse 21:2 que Deus preparou a Nova Jerusalém de forma tão maravilhosa que a Cidade faz João associá-la a uma noiva adornada para seu noivo:

Vi a Cidade Santa, a nova Jerusalém, que descia dos céus, da parte de Deus, preparada como uma noiva adornada para o seu marido.

A Nova Jerusalém é como uma noiva lindamente adornada

Deus está preparando lindos lugares no céu para as noivas do Senhor que estão se preparando cuidadosamente para receberem o noivado espiritual com Cristo Jesus, através da circuncisão de seus corações; e o lugar mais maravilhoso do céu é a Cidade de Nova Jerusalém.

É por isso que lemos em Apocalipse 21:9 que a Cidade de Nova Jerusalém, que é a mais lindamente preparada para as noivas do Senhor é *"A noiva, a esposa do Cordeiro."*

Quão incrível Nova Jerusalém deve ser, se ela é o melhor presente, preparado pelo próprio Deus, para as noivas do

Senhor? As pessoas certamente se comoverão profundamente ao entrar em suas respectivas casas e ver que elas foram construídas detalhada e delicadamente por Deus, que levou em consideração os gostos individuais de cada proprietário.

Uma noiva serve seu marido e prepara um lugar para seu descanso. Da mesma forma, as casas na Nova Jerusalém servem e abraçam as noivas do Senhor. O lugar é tão confortável e seguro que as pessoas são cheias de alegria e felicidade.

Neste mundo, por mais que uma esposa sirva bem seu marido, ela não vai conseguir oferecer-lhe perfeitas paz e felicidade. Entretanto, as casas na Nova Jerusalém podem dar paz e alegria que ninguém já experimentou neste mundo, pois são perfeitas e são feitas para satisfazer o gosto de seu proprietário. Elas são para as pessoas que refletem o coração de Deus. Você já imaginou o quanto elas devem ser maravilhosas, uma vez que são construídas sob o comando do Senhor?

Se você realmente acredita no céu, ficará feliz só de pensar nos muitos anjos construindo as casas celestiais com ouro e pedras preciosas, seguindo a lei de Deus que recompensa cada um, segundo o que fez.

Você consegue imaginar o quão mais feliz será a vida na Nova Jerusalém (que serve e abraça a você como uma esposa)?

As casas celestiais são decoradas de acordo com a obra de cada um

As casas celestiais começaram a ser construídas desde quando

9

o nosso Senhor ressuscitou e ascendeu ao céu, e são feitas de acordo com nossas obras. Portanto, as casas daqueles cujas vidas nesta terra tiveram um fim, já estão completas; os alicerces e colunas de algumas outras casas estão subindo e o trabalho de outras já está quase completo. Quando todas as casas celestiais dos crentes estiverem finalizadas, Jesus nos diz em João 14:2-3 que Ele retornará à terra, mas dessa vez, vindo do ar:

> *Na casa de meu Pai há muitos aposentos; se não fosse assim, eu lhes teria dito. Vou preparar-lhes lugar. E se eu for e lhes preparar lugar, voltarei e os levarei para mim, para que vocês estejam onde eu estiver.*

Os aposentos eternos dos salvos são decididos no Julgamento do Trono Branco.

Quando o proprietário entrar em sua casa depois que ela e as demais recompensas tiverem sido decididas de acordo com sua medida de fé, a casa então brilhará completamente. Isso ocorrerá porque a casa e seu respectivo dono farão um par perfeito e, quando ele entrar em seu novo lar, será como a união do marido com a esposa que se tornam uma só carne.

Quão cheia de glória será a Nova Jerusalém, uma vez que ela abriga o trono de Deus e muitas casas estão sendo construídas para os verdadeiros filhos de Deus, que serão capazes de compartilhar o verdadeiro amor com Ele para sempre!

Esplendorosa como Jóias e Clara como Cristal

Quando, guiado pelo Espírito Santo, o apóstolo João, cheio de temor, viu a Cidade Santa de Nova Jerusalém ele confessou:

Ele me levou no Espírito a um grande e alto monte e mostrou-me a Cidade Santa, Jerusalém, que descia dos céus, da parte de Deus. Ela resplandecia com a glória de Deus, e o seu brilho era como o de uma jóia muito preciosa, como jaspe, clara como cristal. (Apocalipse 21:10-11).

João deu glórias a Deus enquanto olhava a magnífica Nova Jerusalém do alto de um monte.

Nova Jerusalém, brilhando com a glória de Deus

O que significa dizer que o brilho da Nova Jerusalém que brilha com a glória de Deus é "como o de uma jóia muito preciosa, como jaspe, clara como cristal"? Há muitos tipos de pedras preciosas e elas têm nomes diferentes de acordo com sua cor e componente.

Para ser considerada preciosa, cada pedra deve oferecer uma linda e diferente cor. Portanto, a expressão "como o de uma jóia muito preciosa" significa perfeição e beleza. João comparou a linda luz de Nova Jerusalém com a das pedras que as pessoas consideram valorosas e extremamente belas.

11

A Nova Jerusalém possui casas enormes e é decorada com pedras preciosas celestiais que brilham esplendorosamente que, mesmo vistas de longe, não perdem nada em sua beleza. Luzes azuladas e brancas que resplandecem muitas outras cores parecem abraçar a Nova Jerusalém. Quão impressionante e maravilhosa essa visão seria!...

Apocalipse 21:18 nos diz que o muro de Nova Jerusalém é feito de jaspe. Diferentemente da jaspe opaca que encontramos nesta terra, a jaspe do céu possui uma cor azulada e é tão linda e clara que quando você olha para ela, parece que você está olhando para uma água cristalina. É quase impossível expressar a beleza de sua cor com as coisas deste mundo. Só conseguimos expressá-la, dizendo que sua cor é azulada, cristalina e branca. A jaspe representa a elegância e a integridade de Deus e a Sua justiça, que é imaculada, clara e honesta.

Há muitos tipos de cristais e, em termos celestiais, "cristal" refere-se a uma pedra sólida, sem cor e transparente, que é limpa e clara como a água. Cristais limpos e claros têm sido mundialmente usados como artigos de decoração desde a antiguidade, pois além de serem claros e transparentes, são ótimos refletores de luz.

O cristal, apesar de não ser muito caro, reflete a luz e a faz parecer com um arco-íris. Assim, Deus colocou o brilho de sua glória nos cristais celestiais com o Seu poder, o que faz deles incomparáveis aos que existem na terra. O apóstolo João estava tentando expressar tal beleza, claridade e resplendor da Nova Jerusalém com a palavra "cristal".

A Cidade de Nova Jerusalém está cheia da maravilhosa glória de Deus. Quão magnificente, linda e cheia de brilho ela é, se é nela que estão o trono de Deus e o topo onde Ele Se fez Trino!

Capítulo 2

Os Nomes das Doze Tribos e os Doze Apóstolos

Tinha um grande e alto muro com doze portas
e doze anjos junto às portas.
Nas portas estavam escritos os nomes
das doze tribos de Israel. Havia três portas ao oriente,
três ao norte, três ao sul e três ao ocidente.
O muro da cidade tinha doze fundamentos,
e neles estavam os nomes dos doze apóstolos do Cordeiro.

- Apocalipse 21:12-14

A Nova Jerusalém é rodeada por muros que brilham. O queixo de todos cairá com o tamanho, magnificência, beleza e glória desses muros.

A Cidade tem forma de cubo e possui três portões em cada lado: leste, oeste, norte e sul. Tem um total de doze portões e é inimaginavelmente monumental. Um anjo grande e majestoso guarda cada portão que, por sua vez, possui os nomes das doze tribos escritos neles.

Ao redor dos muros da Nova Jerusalém há doze fundamentos sobre os quais há doze pilares com os nomes dos doze discípulos registrados. Tudo na Nova Jerusalém é feito com o número 12, o número da luz, como base. Isso é para ajudar a todos a entenderem que a Nova Jerusalém é o lugar para os filhos da luz, cujos corações refletem o coração de Deus, que é a própria luz. Vamos dar uma olhada nas razões pelas quais doze anjos estão guardando os doze portões de Nova Jerusalém e os nomes das doze tribos e doze discípulos estão registrados em toda a Cidade.

Doze Anjos Guardam os Portões

Antigamente, muitos soldados ou guardas mantinham guarda dos portões dos castelos nos quais os reis ou outros oficiais de alto escalão ficavam e moravam. Essa medida era necessária para protegê-los de seus inimigos. Mas no céu, mesmo não havendo ninguém que consiga invadir a Cidade de Nova Jerusalém, onde está o trono de Deus, há doze anjos guardando cada portão. Por quê?

A fim de expressar a riqueza, autoridade e glória de Deus

A Cidade de Nova Jerusalém é grandiosa, e seu tamanho vai além do que conseguimos imaginar. A grande Cidade Proibida da China, na qual imperadores costumavam viver, é do mesmo tamanho que a casa de um indivíduo na Nova Jerusalém. Nem o tamanho da Grande Muralha da China, uma das Sete Maravilhas do Mundo Antigo, não pode ser comparada à Cidade de Nova Jerusalém.

A primeira razão pela qual há doze anjos guardando os portões é para simbolizar riquezas, honra, autoridade e glória. Mesmo nos dias de hoje, os poderosos ou os milionários possuem seus guardas particulares, que ficam ao redor de suas casas; e isso mostra a riqueza e a autoridade de quem mora dentro delas. Assim sendo, é óbvio que os anjos das mais altas posições é que guardam os portões da Cidade de Nova Jerusalém, que abriga o trono de Deus. Só de olhar para os doze anjos dá para sentir a autoridade de Deus e daqueles que moram na Cidade. A própria presença de Deus já adiciona beleza e glória à Nova Jerusalém.

A fim de proteger os filhos mais reconhecidos de Deus

Qual é então a segunda razão pela qual os doze anjos guardam os portões de Nova Jerusalém? Hebreus 1:14 pergunta: *"Os anjos não são, todos eles, espíritos ministradores enviados para servir aqueles que hão de herdar a salvação?"* Deus protege Seus filhos que vivem nesta terra com Seus olhos flamejantes e os anjos enviados por Ele. Portanto, aqueles que vivem de acordo com a Palavra de Deus não serão atacados por Satanás, mas serão protegidos de provações, testes, desastres, acidentes e doenças.

Todos os anjos são espíritos controlados por Deus, e é óbvio que eles protegem e cuidam dos filhos de Deus, até mesmo no céu. É claro que não haverá nenhum acidente ou qualquer outro tipo de perigo no céu (pois lá não há escuridão), mas é que servir aos seus mestres é algo natural para eles. Esse dever não é forçado

17

por ninguém, mas é cumprido voluntariamente de acordo com a ordem e a harmonia do mundo espiritual; ou seja, o dever natural dado aos anjos.

A fim de manter a paz e a ordem da Nova Jerusalém

Qual é então a terceira razão pela qual os doze anjos guardam os portões da Nova Jerusalém?

O céu é um lugar espiritual perfeito, sem nenhum defeito e é governado em perfeita ordem. Lá não há ódio ou discussões, mas é mantido apenas pelas ordens de Deus. As recompensas e autoridade são estabelecidas na justiça de Deus, que recompensa as pessoas de acordo com suas obras, e tudo acontece ordenadamente.

O reino dividido entre si mesmo não pode subsistir. Da mesma maneira, até mesmo o reino de Satanás não se divide, mas trabalha seguindo uma ordem (Marcos 3:22-26). Quão estabelecida e perfeita será a ordem no reino de Deus então!...

Os banquetes que acontecem na Nova Jerusalém, por exemplo, seguem uma determinada ordem. As almas salvas do Terceiro, Segundo e Primeiro Reinos e do Paraíso podem entrar na Nova Jerusalém apenas se forem convidadas, mais uma vez, de acordo com a ordem espiritual. Lá elas agradarão a Deus e compartilharão sua alegria com todos aqueles da Cidade.

Se as almas salvas do Paraíso, do Primeiro, Segundo e Terceiro Reinos pudessem entrar livremente na Nova Jerusalém na hora que bem entendessem, o que iria acontecer? Assim como o valor de até mesmo dos mais preciosos objetos diminui com o passar do tempo e uso, quando não são manejados da maneira correta, se a ordem na Nova Jerusalém fosse quebrada, sua beleza não seria propriamente mantida. Assim sendo, para que haja paz e ordem na Nova Jerusalém, é preciso que haja doze portões e os anjos que guardam cada um. É importante lembrar que os crentes do Terceiro Céu para baixo não podem entrar na Cidade simplesmente por terem vontade, mesmo se não houver nenhum anjo guardando o portão, porque há uma diferença em glória. Os anjos sempre se asseguram de que a ordem no céu é mantida da forma correta.

Os Nomes das Doze Tribos de Israel Escritos nos Doze Portões

Qual, então, é a razão de os nomes das doze tribos de Israel terem sido escritos nos doze portões da Nova Jerusalém? Neste mundo, quando se deseja comemorar a conclusão e/ou a revelação de uma informação vital de um projeto arquitetônico, as pessoas geralmente fazem uma pedra angular com coisas inscritas ou constroem um monumento nas proximidades do projeto. Semelhantemente, os nomes das doze tribos de Israel simbolizam o fato de os doze portões da Nova Jerusalém terem começado com as doze tribos.

O cenário necessário para a criação dos doze portões

Adão e Eva, que foram mandados embora do Jardim do Éden

19

por causa do pecado de desobediência, há mais ou menos 6.000 anos atrás, tiveram muitos filhos enquanto viveram nesta terra. Quando o mundo estava cheio de pecados, todos, com exceção de Noé e sua família, (Noé foi o único homem justo daquela época) foram punidos e pereceram na água.

Então, há mais ou menos 4.000 anos atrás, nasceu Abraão e, no tempo certo, Deus o estabeleceu como o patriarca da fé e o abençoou abundantemente. Deus prometeu a Abraão em Gênesis 22:17-18:

> *...esteja certo de que o abençoarei e farei seus descendentes tão numerosos como as estrelas do céu e como a areia das praias do mar. Sua descendência conquistará as cidades dos que lhe forem inimigos e, por meio dela, todos os povos da terra serão abençoados, porque você me obedeceu.*

O Deus fiel estabeleceu Jacó, neto de Abraão, como fundador de Israel, e fez a base para formar a nação com seus doze filhos. Então, há mais ou menos 2.000 anos atrás, Deus enviou Jesus como descendente da tribo de Judá e abriu o caminho da salvação para toda a espécie humana.

Logo, percebemos que Deus formou o povo de Israel com as doze tribos para cumprir a promessa que havia feito a Abraão. A fim de simbolizar e marcar esse fato, Ele fez então doze portões na Nova Jerusalém e escreveu neles os nomes das doze tribos.

Agora, olhemos mais de perto para Jacó, o patriarca de Israel e das doze tribos.

Jacó: o patriarca de Israel e seus doze filhos

Jacó, neto de Abraão e filho de Isaque, tomou engenhosamente os direitos de primogenitura de seu irmão mais velho, Esaú, e teve de fugir para a casa de seu tio, Labão. Durante os vinte anos de estadia na casa de seu tio, Deus o refinou até que se tornou o patriarca de Israel.

De Gênesis 29:21 em diante, vemos detalhes sobre os casamentos de Jacó e o nascimento de seus doze filhos. Jacó amava a Raquel e prometeu sete anos de servidão a Labão para que pudesse casar-se com ela, mas, enganado por seu tio, veio a casar-se com Lia, irmã de Raquel. Então, ele teve de prometer a Labão mais sete anos de servidão para casar-se com Raquel. Finalmente, se casou com ela e a amou mais que a Lia.

Deus teve misericórdia de Lia, que não era amada por seu marido, e abriu sua madre. Lia deu luz a Rúben, Simeão, Levi e Judá. Raquel foi amada por Jacó, mas foi estéril por algum tempo. Ela teve inveja de sua irmã Lia e deu sua serva Bila ao seu marido como esposa. Bila então deu à luz a Dã e Naftali. Quando Lia não podia mais engravidar, ela deu sua serva Zilpa a Jacó como esposa e Zilpa deu à luz a Gade e Aser.

Depois, Lia aceitou o acordo proposto por Raquel no qual poderia dormir uma noite com Jacó em troca das mandrágoras (plantas tidas como capazes de favorecer a fertilidade feminina) que Rúben havia achado e entregado a ela (Lia, sua mãe). Lia então concebeu a Issacar, Zebulom e a Diná. Então, Deus se lembrou de Raquel e a fez fértil e ela então deu à luz a José. Depois do nascimento de José, Jacó recebeu a ordem de Deus para atravessar o Jaboque e voltar à sua cidade natal com suas duas esposas, duas servas e onze filhos.

Jacó passou por provações na casa de seu tio Labão por duas décadas. Depois ele se humilhou e orou até que seu quadril foi deslocado no Rio Jaboque, a caminho de sua terra natal. Então ele recebeu o novo nome "Israel" (Gênesis 32:28). Israel também se reconciliou com seu irmão, Esaú, e viveu na terra de Canaã. Recebeu a bênção de se tornar o patriarca de Israel e teve o último de seus filhos, Benjamim, de Raquel.

As doze tribos de Israel, povo escolhido por Deus

José, o filho mais amado por seu pai, Israel, foi vendido ao Egito por seus irmãos quando tinha 17 anos de idade porque tinham inveja dele. Dentro da providência de Deus, no entanto, quando tinha 30 anos, tornou-se o primeiro ministro do Egito. Sabendo que estava para haver um período de fome severa na terra de Canaã, Deus enviou José ao Egito primeiro e depois permitiu que toda a sua família fosse para lá também a fim de que pudessem aumentar em número e fazê-lo grande o suficiente para formar uma nação.

Em Gênesis 49:2-28, Israel abençoa seus doze filhos pouco antes de seus últimos suspiros, e eles são as doze tribos de Israel:

> *Rúben, você é meu primogênito,*
> *minha força, o primeiro sinal do meu vigor, (v. 3)...*
> *Simeão e Levi são irmãos;*
> *suas espadas são armas de violência. (v. 5)...*

Judá, seus irmãos o louvarão, (v. 8)...
Zebulom morará à beira-mar (v. 13)...
Issacar é um jumento forte,
deitado entre as suas cargas. (v. 14)...
Dã defenderá o direito do seu povo
como qualquer das tribos de Israel. (v. 16)...
Gade será atacado por um bando,
mas é ele que o atacará e o perseguirá (v. 19)...
A mesa de Aser será farta; (v. 20)...
Naftali é uma gazela solta,
que por isso faz festa. (v. 21)...
José é uma árvore frutífera,
árvore frutífera à beira de uma fonte, (v. 22)...
Benjamim é um lobo predador (v. 27)..."

Aí estão as doze tribos de Israel e o que seu pai lhes falou quando as abençoou a cada uma. As bênçãos foram diferentes porque cada filho (tribo) era diferente em característica, personalidade, obras e natureza.

Através de Moisés, Deus entregou a Lei às doze tribos de Israel, que saíram do Egito, e começou a guiar seu caminho em direção a Canaã, onde manava leite e mel. Em Deuteronômio 33:5-25, vemos Moisés abençoando o povo de Israel antes de sua morte.

"Que Rúben viva e não morra,
mesmo sendo poucos os seus homens". (v. 6) ...
"Ouve, ó SENHOR, o grito de Judá;

23

traze-o para o seu povo. (v. 7) ...
A respeito de Levi disse:
"O teu Urim e o teu Tumima pertencem
ao homem a quem favoreceste. (v. 8) ...
A respeito de Benjamim disse:
"Que o amado do SENHOR
descanse nele em segurança, (v. 12) ...
A respeito de José disse:
"Que o SENHOR abençoe a sua terra
com o precioso orvalho
que vem de cima, do céu,
e com as águas das profundezas; (v. 13) ...
Assim são as dezenas de milhares
de Efraim;
assim são os milhares de Manassés". (v. 17) ...
A respeito de Zebulom disse:
"Alegre-se, Zebulom,
em suas viagens,
e você, Issacar, em suas tendas." (v. 18) ...
A respeito de Gade disse:
"Bendito é aquele
que amplia os domínios de Gade!" (v. 20) ...
A respeito de Dã disse:
"Dã é um filhote de leão,
que vem saltando desde Basã". (v. 22) ...
A respeito de Naftali disse:
"Naftali tem fartura do favor do SENHOR"
(v. 23) ...

"Bendito é Aser entre os filhos;
seja ele favorecido por seus irmãos, (v. 24) ..."

Levi, dentre os doze filhos de Israel, foi excluído das doze tribos a fim de se tornar sacerdote e pertencer a Deus. Os filhos de José então, Manasses e Efraim, formaram duas tribos para substituir os Levitas.

Os nomes das doze tribos

Mas, então, como podemos nós, que não somos nem pertencentes às doze tribos de Israel, nem descendentes diretos de Abraão, ser salvos e passar através dos doze portões nos quais estão escritos os nomes das doze tribos?

Podemos encontrar a resposta dessa pergunta em Apocalipse 7:4-8:

Então ouvi o número dos que foram selados: cento
e quarenta e quatro mil, de todas as tribos de Israel.
Da tribo de Judá foram selados doze mil, da tribo de
Rúben, doze mil, da tribo de Gade, doze mil, da tribo
de Aser, doze mil, da tribo de Naftali, doze mil, da tribo
de Manassés, doze mil, da tribo de Simeão, doze mil, da
tribo de Levi, doze mil, da tribo de Issacar, doze mil, da
tribo de Zebulom, doze mil, da tribo de José, doze mil,
da tribo de Benjamim, doze mil.

Nesses versículos, o nome da tribo de Judá vem primeiro e o

nome da tribo de Rúben em seguida, diferentemente dos livros de Gênesis e Deuteronômio. O nome da tribo de Dã é deletado e o nome da tribo de Manassés é adicionado.

1 Reis 12:28-31 registra o sério pecado da tribo de Dã:

> *Depois de aconselhar-se, o rei fez dois bezerros de ouro e disse ao povo: "Vocês já subiram muito a Jerusalém. Aqui estão os seus deuses, ó Israel, que tiraram vocês do Egito". Mandou pôr um bezerro em Betel e o outro em Dã. E isso veio a ser um pecado, pois o povo ia até Dã para adorar aquele bezerro. Jeroboão construiu altares idólatras e designou sacerdotes dentre o povo, apesar de não serem levitas.*

Jeroboão, que se tornou o primeiro rei do Reino Sul de Israel, pensou que se o povo subisse para oferecer sacrifícios no templo do SENHOR em Jerusalém, eles iriam dar sua lealdade novamente ao seu senhor, Roboão (rei de Judá). Então ele fez dois bezerros de ouro e colocou um em Betel e o outro em Dã. Proibiu o povo de subir a Jerusalém e oferecer sacrifícios a Deus e os fez adorar em Betel e Dã.

A tribo de Dã cometeu o pecado de idolatria e fez de pessoas comuns sacerdotes de Deus, embora soubesse que somente aqueles pertencentes à tribo de Levi o pudessem ser. Eles também instituíram um festival no décimo quinto dia de todo oitavo mês, como o festival de Judá. Todos esses pecados não puderam ser perdoados por Deus e eles foram renunciados por Ele.

Dessa forma, podemos ver que foi assim que o nome da tribo de Dã foi deixado de fora e substituído pelo nome da tribo de Manassés. E o fato de o nome da tribo de Manassés ter sido adicionado já houvera, inclusive, sido profetizado em Gênesis 48:5. Jacó disse a José:

Agora, pois, os seus dois filhos que nasceram no Egito, antes da minha vinda para cá, serão reconhecidos como meus; Efraim e Manassés serão meus, como são meus Rúben e Simeão.

Jacó, o pai de Israel, já havia selado Manassés como seu filho. É assim que no livro de Apocalipse do Novo Testamento podemos encontrar o nome da tribo de Manassés registrado ao invés do de Dã.

O fato de o nome da tribo de Manassés estar registrado entre as doze tribos de Israel dessa maneira, ou seja, apesar de não ter sido um dos doze líderes de Israel, indica que os Gentios tomariam o lugar dos Israelitas e seriam salvos.

Deus estabeleceu o fundamento de uma nação através das doze tribos de Israel. Há mais ou menos dois mil anos atrás, Ele abriu o portão com o precioso sangue de Jesus Cristo, derramado na cruz pelos nossos pecados e permitiu que todos recebessem a salvação pela fé.

Deus escolheu o povo de Israel das doze tribos e chamou-o "Meu povo", mas uma vez que eles erraram ao seguir e buscar a vontade de Deus, o evangelho foi também para os Gentios.

Os Gentios substituíram o povo escolhido de Deus que não

27

fez caso Dele. É por isso que o apóstolo Paulo disse em Romanos 2:28-29: *"Não é judeu quem o é apenas exteriormente, nem é circuncisão a que é meramente exterior e física. Não! judeu é quem o é interiormente, e circuncisão é a operada no coração, pelo Espírito, e não pela Lei escrita. Para estes o louvor não provém dos homens, mas de Deus."*

Em suma, os Gentios vieram substituir o povo de Israel, cumprindo a providência de Deus assim como a tribo de Dã foi deletada e a tribo de Manassés foi adicionada. Portanto, até os Gentios podem entrar na Nova Jerusalém através dos doze portões, se também possuírem as devidas qualificações de fé.

Não são apenas aqueles que pertencem às doze tribos de Israel que receberão a salvação, mas todo aquele que se tornar descendente de Abraão na fé. Quando os Gentios passam a crer, Deus não os considera mais "os Gentios", mas sim, membros das doze tribos. Todas as nações serão salvas através dos doze portões, e essa é a justiça de Deus.

Assim, as "doze tribos" de Israel se referem espiritualmente a todos os filhos de Deus, a todos os salvos pela graça, porque creram; e Deus escreveu o nome das doze tribos nos doze portões da Nova Jerusalém para simbolizar isso.

Logo, é importante considerarmos que assim como países e áreas diferentes possuem características diferentes, a glória de cada tribo dentre as doze tribos e dos doze portões também varia no céu.

Os Nomes dos Doze Discípulos Escritos nos Doze Fundamentos

Qual, então, é a razão pela qual os nomes dos doze discípulos foram escritos nos doze fundamentos da Nova Jerusalém? Para se construir um edifício deve haver os alicerces sobre os quais se colocam os pilares. É fácil estimar o tamanho de uma construção, se olharmos para a profundidade cavada para erguê-la. Os fundamentos são muito importantes, pois são eles que suportam o peso de toda uma estrutura.

Da mesma forma, aconteceu com a Cidade de Nova Jerusalém: doze fundamentos foram alicerçados para que seus muros e pilares fossem erguidos e só então seus portões fossem feitos. O tamanho dos doze fundamentos e dos doze pilares é tão grande que vai além do nosso entendimento. Vamos falar mais sobre isso no próximo capítulo.

Doze fundamentos – mais importantes que os doze portões

Toda sombra tem a essência daquilo que a projeta. Assim também o Velho Testamento é a sombra do Novo Testamento, pois aquele testificou da vinda de Jesus para salvar o mundo e este registrou o ministério Dele quando cumpriu sua vinda à terra, juntamente com todas as promessas, abrindo o caminho da salvação (Hebreus 10:1).

Deus, que estabeleceu o fundamento de uma naca através das doze tribos de Israel e proclamou a Lei através de Moisés, ensinou aos doze discípulos, por meio de Jesus, que, por sua vez, cumpriu a Lei com amor e os fez testemunhas do Senhor até os confins da terra. Dessa maneira, os doze discípulos são os heróis que tornaram possível o cumprimento da Lei do Velho Testamento e a construção da Nova Jerusalém, agindo não como uma sombra, mas como sua essência.

Portanto, os doze fundamentos da Nova Jerusalém são mais importantes que os doze portões, e o papel dos doze discípulos é mais importante que o das doze tribos.

Jesus e Seus doze discípulos

Jesus, o Filho de Deus, que veio a este mundo em carne, começou Seu ministério quando tinha 30 anos de idade, chamou seus discípulos e lhes ensinou. Quando a hora certa chegou, Jesus lhes deu poder para expulsar demônios e curar os enfermos. Mateus 10:2-4 faz menção dos doze discípulos:

> *Estes são os nomes dos doze apóstolos: primeiro, Simão, chamado Pedro, e André, seu irmão; Tiago, filho de Zebedeu, e João, seu irmão; Filipe e Bartolomeu; Tomé e Mateus, o publicano; Tiago, filho de Alfeu, e Tadeu; Simão, o zelote, e Judas Iscariotes, que o traiu.*

Exatamente como Jesus lhes pediu, eles pregaram o evangelho e operaram as obras do poder de Deus. Testemunharam do Deus Vivo e levaram muitas almas ao caminho da salvação. Todos eles, com exceção de Judas Iscariotes, que foi instigado por Satanás e acabou vendendo Jesus, testemunharam a ressurreição e a ascensão de Jesus, e experimentaram o Espírito Santo através de fervorosas orações.

Então, uma vez que o Senhor lhes havia comissionado, eles receberam o Espírito Santo e o poder e se tornaram Sua testemunha em Jerusalém, em toda a Judéia, Samaria e em todos os confins da terra.

Matias substituiu Judas Iscariotes

Atos 1:15-26 descreve o processo no qual Judas Iscariotes foi substituído. Os discípulos oraram a Deus e tiraram sortes, pois queriam que tudo se fizesse segundo a vontade de Deus, sem intervenção de pensamentos humanos. No fim, eles selecionaram um indivíduo entre outros que haviam sido ensinados por Jesus – Matias.

A razão pela qual Jesus selecionou a Judas Iscariotes para ser um de seus discípulos, mesmo sabendo que ele o trairia está aqui: o fato de Matias ter sido selecionado "de última hora" mostra que os Gentios também poderiam receber a salvação. Também mostra que os servos escolhidos de Deus hoje pertencem ao lugar de Matias. Desde a ressurreição e a ascensão do Senhor, já houve muitos servos de Deus que foram selecionados por Ele próprio e, qualquer um, que se torne um com o Senhor, pode ser selecionado para ser um dos Seus discípulos, assim como Matias o fez.

Os servos de Deus selecionados por Ele próprio obedecem à vontade de Seu Mestre sempre com um simples "Sim". Se os

31

servos de Deus não obedecem à Sua vontade, eles não podem e nem devem ser chamados de "servos de Deus" ou "servos selecionados de Deus."

Os doze discípulos, incluindo Matias, refletiram o Senhor, alcançaram a santidade, obedeceram aos ensinamentos do Senhor e fizeram a vontade de Deus por completo. Eles se tornaram os fundamentos, os alicerces da missão mundial, ao cumprirem seus deveres até mesmo ao ponto de se tornarem mártires.

Os nomes dos doze discípulos

Aqueles que forem salvos pela fé, se não tiverem se santificado e nem sido fiéis em toda a casa de Deus, poderão visitar a Nova Jerusalém a convite, mas não poderão viver lá para sempre. Assim, a razão dos nomes dos doze discípulos estarem escritos nos doze alicerces é para que nós lembremos que somente aqueles que se santificarem e forem fiéis em toda a casa de Deus nesta vida poderão entrar permanentemente na Nova Jerusalém.

As doze tribos de Israel se referem a todos os filhos de Deus, salvos pela fé. Aqueles, porém, que se santificarem e forem fiéis em toda sua vida, terão as qualificações necessárias para entrar na Nova Jerusalém. Por esse motivo, os doze fundamentos são mais importantes e os nomes dos doze discípulos estão escritos, não nos doze portões, mas sim nos doze alicerces.

Por que, então, Jesus escolheu somente doze discípulos? Em Sua perfeita sabedoria, Deus cumpre Sua providência (que fora planejada antes mesmo do início dos tempos) e realiza todas as coisas da maneira perfeita. Portanto, sabemos que a seleção de Jesus de apenas doze discípulos também fora feita cumprindo o plano de Deus.

Deus, que formou as doze tribos do Velho Testamento, selecionou, no Novo Testamento, os doze discípulos, usando o número 12 – que significa "luz" e "perfeição" – o que fez com que a sombra do Velho e a essência do Novo se tornassem um par.

Deus não muda um plano que Ele já tinha arquitetado e mantém Sua Palavra. Portanto, devemos acreditar em toda a Palavra de Deus na Bíblia, preparar-nos como noivas do Senhor para recebê-Lo, e obter ou alcançar as qualificações necessárias para entrarmos na Nova Jerusalém, como os doze discípulos.

Jesus nos disse em Apocalipse 22:12: *"Eis que venho em breve! A minha recompensa está comigo, e eu retribuirei a cada um de acordo com o que fez."*

Que tipo de vida cristã devemos levar, se quisermos verdadeiramente crer na breve volta do Senhor? Você não deveria satisfazer-se somente com o fato de ter recebido a salvação pela fé em Jesus Cristo, mas também deve tentar livrar-se dos seus pecados e ser fiel em todos os seus deveres.

Oro, em nome do Senhor Jesus Cristo, para que você possa possuir glória eterna e as bênçãos na Nova Jerusalém, assim como os patriarcas da fé, cujos nomes estão escritos nos doze portões e fundamentos!

ᴄᴏCapítulo 3ᴀ

O Tamanho da Nova Jerusalém

O anjo que falava comigo tinha como medida
uma vara feita de ouro,
para medir a cidade, suas portas e seus muros.
A cidade era quadrangular,
de comprimento e largura iguais.
Ele mediu a cidade com a vara;
tinha dois mil e duzentos quilômetros de comprimento;
a largura e a altura eram iguais ao comprimento.

- Apocalipse 21:15-17

Alguns crentes acham que todos aqueles que receberão a salvação entrarão na Nova Jerusalém (onde está o trono de Deus), ou que a Nova Jerusalém seja todo o céu em si. No entanto, a Nova Jerusalém não é a mesma coisa que céu, mas uma parte do infinito terreno celestial. Somente os filhos verdadeiros de Deus que são santos e santificados podem entrar nela. Qual será o tamanho da Nova Jerusalém, a qual Deus preparou para seus "verdadeiros" filhos?

Olhemos mais cuidadosamente para o tamanho e a forma dessa Cidade e seus significados espirituais.

Medida com uma Vara de Ouro

É algo comum para aqueles que possuem uma fé verdadeira e uma esperança fervorosa por Nova Jerusalém, se perguntarem sobre sua forma e tamanho. Uma vez que se trata do lugar para os filhos santificados de Deus que refletem Seu coração, Ele mesmo preparou a Nova Jerusalém de forma linda e magnífica.

Em Apocalipse 21:15, você pode ler sobre um anjo em pé com uma vara de ouro para medir o tamanho dos portões e muros da Cidade. Qual é, então, a razão pela qual Deus quis que Nova Jerusalém fosse medida?

A vara de ouro é um tipo de vara reta como uma régua, usada para medir distâncias no céu. Se você souber o significado do "ouro" e da "vara", poderá entender o motivo de Deus medir as dimensões de Nova Jerusalém com uma vara de ouro.

Deus significa "fé", pois nunca muda com o passar do tempo. Jó confessou em Jó 23:10, *"Mas ele conhece o caminho por onde ando; se me puser à prova, aparecerei como o ouro."* Assim, o ouro da vara de ouro simboliza o fato de que a medida de Deus é precisa e nunca muda, e todas as Suas promessas serão mantidas.

As características da vara que mede a fé

As varas são grandes com sua beirada macia. Elas são facilmente balançadas pelo vento, mas nunca se quebram; possuem tanto maciez quanto força, ao mesmo tempo. As varas têm junco e isso significa que Deus recompensa as pessoas de acordo com o que fizeram.

Portanto, a razão de Deus medir a Cidade de Nova Jerusalém com a vara de ouro é para medir de forma precisa a fé de cada um e recompensá-lo de acordo com suas obras.

Agora, pois, consideremos as características e significado espiritual da vara e entendamos o motivo de Deus medir as dimensões da Nova Jerusalém com a vara de ouro.

Em primeiro lugar, as varas possuem raízes muito profundas e fortes. Medem de 1 a 3 metros de comprimento e vivem em grandes quantidades em solos de pântanos ou lagos. Podem até parecer ter raízes fracas, mas não se consegue arrancá-las da terra com facilidade.

Da mesma maneira, os filhos de Deus devem também estar firmemente enraizados e alicerçados sobre a rocha da verdade. Somente quando você tem uma fé imutável e inabalável, independentemente das circunstâncias em que se encontrar, é que poderá entrar na Nova Jerusalém, cujas dimensões são medidas pela vara de ouro. É por isso que o apóstolo Paulo orou pelos crentes de Éfeso: *"para que Cristo habite no coração de vocês mediante a fé; e oro para que, estando arraigados e alicerçados em amor..."* (Efésios 3:17).

Em segundo lugar, varas possuem beiradas macias. Uma vez que Jesus tem um coração macio e manso, assim como as varas, Ele nunca bateu boca. Mesmo quando os outros O criticavam ou perseguiam, Ele não debatia, mas sim, ia embora.

Assim sendo, aqueles que esperam por uma Nova Jerusalém

devem ter corações mansos como o de Jesus. Se você se sente desconfortável quando os outros apontam seus erros ou o repreendem, isso significa que você ainda possui um coração duro e orgulhoso. Se você tem um coração manso e macio como felpa, consegue aceitar tais coisas com alegria e sem nenhum sentimento de arrependimento ou insatisfação.

Em terceiro lugar, as varas se balançam facilmente quando sopradas pelo vento e não se quebram com facilidade. Depois de um tufão, as grandes árvores, algumas vezes, são desraigadas, mas as varas não se quebram nem mesmo quando em meio a fortes ventanias porque são macias. As pessoas deste mundo, algumas vezes, comparam a mente e o coração das mulheres com varas de uma forma negativa; mas a comparação de Deus é o oposto. As varas são macias e enquanto pareçam fracas, são na verdade tão fortes que não se quebram nem mesmo em fortes rajadas de vento. Além de tudo, ainda possuem a beleza de suas elegantes flores brancas.

Uma vez que a vara possui todos os aspectos das coisas como maciez, força e beleza, ela pode simbolizar a justiça de certos julgamentos. Tais características das varas também podem ser atribuídas ao estado de Israel, que possui um território e população relativamente pequenos e é rodeada por vizinhos hostis. Israel pode parecer um país fraco, mas nunca "quebra" diante das circunstâncias. Isso ocorre porque eles têm uma fé muito grande em Deus – fé arraigada nos patriarcas da fé, incluindo Abraão. Embora pareçam estar prestes a desmoronar-se, a fé dos israelitas em Deus faz com que permaneçam firmes.

Da mesma forma, a fim de entrar na Nova Jerusalém, devemos

ter a fé que nunca oscila diante das situações, arraigando-nos em Jesus Cristo (que é a Rocha), como varas de raízes profundas.

Em quarto lugar, as hastes das varas são retas e lisas de modo que têm sido usadas, inclusive, para a confecção de telhados, flechas e canetas. A vara reta também implica em mover para frente. A fé é "viva" apenas quando avança em exercício. Aqueles que melhoram e desenvolvem a si mesmos crescem em fé, dia após dia e, assim, se mantêm avançando em direção ao céu.

Deus seleciona esses vasos bons que avançam em direção ao céu, refina-os e os faz perfeitos para que então possam entrar na Nova Jerusalém. Portanto, devemos avançar em direção ao céu, como as folhas que brotam e crescem.

Em quinto lugar, uma vez que muitos poetas já escreveram sobre as flores das varas quando queriam descrever um cenário quieto e de paz, vemos logo que a aparência dessa planta com folhas graciosas e elegantes é bem suave e bonita. Como podemos ver em 2 Coríntios 2:15: *"porque para Deus somos o aroma de Cristo entre os que estão sendo salvos e os que estão perecendo"*, as pessoas que permanecem sobre a rocha da fé exalam o aroma de Cristo. Aqueles com esse tipo de coração possuem semblantes graciosos e confortantes, que fazem com que as pessoas se lembrem do céu. Portanto, a fim de entrar na Nova Jerusalém, temos de exalar o doce aroma de Cristo, que é macio e elegante como as folhas das varas.

Em sexto lugar, as folhas das varas são finas, com as bordas afiadas o bastante para cortar a pele do nosso dedo, se o passarmos nelas. Da mesma maneira, aqueles que possuem fé, não podem se comprometer com o pecado, mas devem se tornar como lâminas da verdade, livrando-se de toda maldade.

Daniel, que era ministro da grande Pérsia e muito amado pelo rei, enfrentou uma provação, na qual foi sentenciado por homens maus que tinham inveja dele, a ser lançado em uma cova de leões. Ainda assim, ele não concordou com o pecado, mas permaneceu firme em sua fé. Como resultado, Deus enviou Seu anjo para fechar as bocas dos leões e permitiu que Daniel O glorificasse ardentemente na frente do rei e de todo o seu povo.

Deus se agrada do tipo da fé que Daniel tinha – o tipo que não se compromete com o mundo. Aqueles que possuem esse tipo de fé são protegidos por Ele em todos as espécies de provações e tribulações e, no fim, o Seu nome é grandemente glorificado. Deus os abençoa e os faz *"cabeça, e não cauda"* (Deuteronômio 28:1-14).

Como Provérbios 8:13 nos diz: *"Temer o SENHOR é odiar o mal"*, se você possui maldade em seu coração, você tem de se livrar dela através de jejum e muita oração. Somente quando você não se compromete ou concorda com o pecado, mas odeia o mal, é que você é santificado e passa a possuir as qualificações para entrar na Nova Jerusalém.

Assim, ao olharmos para as seis características que as varas possuem, acabamos de entender a razão pela qual Deus mede a Cidade de Nova Jerusalém com a vara dourada. O seu uso nos faz saber que Deus mede apuradamente a nossa fé e nos recompensa exatamente de acordo com o que fizemos na terra; e que Ele cumpre suas promessas. Portanto, espero que você perceba que você deve possuir as qualificações que preencham os significados espirituais da vara de ouro, livrar-se de todo tipo de maldade e realizar aquilo que está no coração do Senhor.

Em Forma de Cubo

Deus registrou de forma detalhada o tamanho e a forma da Nova Jerusalém na Bíblia. Apocalipse 21:16 nos diz que a Cidade tem um formato cúbico com 12,000 estádios (2.400 km) de comprimento, largura e altura. Muitos podem se perguntar: 'Será que não nos sentiremos como que trancados'? Não. Deus fez o interior da Nova Jerusalém muito prazeroso e confortável. Além disso, as pessoas que estão fora da cidade não conseguem ver seu interior, mas quem está dentro consegue ver a parte de fora. Em outras palavras, não há absolutamente nenhuma razão para se sentir desconfortável ou confinado dentro de seus muros.

A Nova Jerusalém em forma quadrangular

Qual é, então, a razão pela qual Deus fez a Nova Jerusalém em forma quadrangular? As mesmas medidas de comprimento e largura representam ordem, precisão e justiça da Nova Jerusalém. Deus controla todas as coisas, para que as inúmeras estrelas, a lua, o sol, o sistema solar e o resto do universo possam se mover precisamente, sem nenhum problema. Da mesma forma, Ele também fez a Nova Jerusalém em forma quadrangular para expressar o Seu controle sobre a história e todas as coisas, a fim de cumprir tudo que planeja exatamente como deseja.

A Nova Jerusalém possui medidas iguais de comprimento e largura, doze portões e doze fundamentos – três em cada lado. Isso simboliza que não importa onde vivemos na terra – as regras serão aplicadas rigorosamente aos que têm qualificações para entrar na Nova Jerusalém. Mais especificamente, as pessoas que são qualificadas pela medida da vara de ouro é que entrarão na Cidade, independentemente de seu sexo, idade ou raça.

Isso será dessa maneira porque Deus, com Seu caráter justo e íntegro, julga com justiça e mede precisamente as qualificações necessárias para se entrar na Nova Jerusalém. Além do mais, um quadrado também representa norte, sul, leste e oeste. Deus fez a Nova Jerusalém e chama os seus filhos perfeitos (que são salvos pela fé) dentre todas as nações, das quatro direções ou cantos do mundo.

2.400 km de comprimento, largura e altura

Apocalipse 21:16 diz: *"A cidade era quadrangular, de comprimento e largura iguais. Ele mediu a cidade com a vara; tinha dois mil e duzentos quilômetros de comprimento; a largura e a altura eram iguais ao comprimento."*; e Apocalipse 21:17 diz: *"Ele mediu o muro, e deu sessenta e cinco metros de espessura, segundo a medida humana que o anjo estava usando."* 'dois mil e duzentos quilômetros equivalem a 12.000 estádios da época (de 185 metros cada).

Os muros da Cidade de Nova Jerusalém possuem sessenta e cinco metros de espessura. Como ela é enorme, seus muros também são grossos.

❧Capítulo 4❧

Feita de Puro Ouro
e Pedras Preciosas de Todas as Cores

O muro era feito de jaspe e a cidade era de ouro puro,
semelhante ao vidro puro.

- Apocalipse 21:18

Suponha que você tivesse toda a riqueza e autoridade para construir uma casa na qual você e seu(sua) amado(a) fossem viver por toda a eternidade. Como você a desenharia? Que materiais você usaria? Não importa o custo, o tempo e nem a mão de obra que seriam necessários para construí-la, você provavelmente iria querer construí-la da maneira mais linda e charmosa que pudesse.

Da mesma maneira, você não acha que o nosso Deus Pai não desejaria adornar maravilhosamente a Nova Jerusalém com os melhores materiais do céu para ficar lá para sempre com seus queridos filhos? E, ainda por cima, cada material na Nova Jerusalém tem um significado diferente, para simbolizar os tempos em que permanecemos com fé e amor sobre essa terra, e tudo lá é magnífico.

Para aqueles que anseiam pela Nova Jerusalém em seu coração, não há nada mais natural que quererem conhecer mais sobre ela.

Deus conhece os corações dessas pessoas e tem-lhes dado várias informações detalhadas sobre a Cidade, incluindo o tamanho, a forma e até a espessura dos muros, na Bíblia.

De que, então, a Cidade de Nova Jerusalém é feita?

Adornada com Puro Ouro e Todos os Tipos de Pedras Preciosas

A Nova Jerusalém, que Deus preparou para alguns de Seus filhos, é feita de puro ouro que nunca muda e decorada com outras preciosidades. No céu não há material como o solo, por exemplo, que muda com o passar do tempo. As ruas na Nova Jerusalém são feitas de puro ouro e os fundamentos de pedras preciosas. Se a areia das margens do rio das águas da vida são ouro e prata, quão mais inimagináveis seriam os materiais de suas construções!...

Nova Jerusalém: A obra-de-arte de Deus

Se considerarmos o brilho, valor, elegância e as limitações de cada uma das edificações mais famosas do mundo, vemos que elas se diferem entre si, dependendo do material utilizado em suas construções. O mármore, por exemplo, é muito mais bonito, elegante, e tem muito mais brilho que o cimento, madeira ou areia.

Você consegue imaginar quão linda e graciosa seria a casa que você construiria, se tivesse à sua disposição os melhores e mais requintados materiais? Quanto mais edificações celestiais! O ouro e as pedras preciosas no céu, feitos pelo poder de Deus, são muito mais diferentes em qualidade, cor e refinamento daqueles que encontramos na terra. Sua pureza e brilho são tão intensos que não nos permitem sua descrição em palavras. Mesmo nesta terra, muitos tipos de vasos podem ser feitos com o mesmo material – barro. Podem ser caras porcelanas ou vasinhos baratos de argila, dependendo do tipo de barro e o nível de habilidade do oleiro. Deus levou milhares de anos para construir a Nova Jerusalém, sua obra de arte, que é cheia de magnificência, riquezas e a glória perfeita do arquiteto da Cidade.

Puro ouro significa fé e vida eterna

O ouro puro é cem por cento ouro, sem nenhuma impureza, e é a única coisa que nunca muda na terra. Devido a esse traço, muitos países o utilizaram como padrão para suas moedas e taxas de câmbio, e até hoje vem sendo usado para propósitos decorativos e industriais. O ouro puro é procurado e amado por muitas pessoas.

A razão pela qual Deus nos deu o ouro nesta terra é para que percebêssemos que há coisas que nunca mudam e que um mundo externo existe de fato. As coisas nesta terra se gastam e mudam com o passar do tempo. Se tivéssemos apenas tais coisas, seria difícil para nós, com o nosso entendimento limitado, nos darmos conta de que há um céu eterno.

É por isso que Deus nos permite saber através do ouro que há coisas eternas, que nunca mudam. É para que nós percebamos que existe algo que realmente não muda e para termos esperança pelo céu eterno. O ouro puro significa a fé espiritual que nunca muda. Portanto, se você for sábio, você tentará obter uma fé imutável, constante, invariável – como o puro ouro.

Há muitas coisas no céu que são feitas de ouro puro. Imagine o quão grato seríamos, ao apenas olharmos para o céu feito de ouro puro, o qual temos considerado a coisa mais preciosa da vida nessa terra!

Contudo, aqueles que não são sábios valorizam o ouro apenas como um meio de aumentar ou mostrar sua riqueza. Estes ficam longe de Deus, não O amam, e possuem grande probabilidade de cair no lago de fogo ou de enxofre e se arrepender, perpetuamente: "Não estaria sofrendo no inferno se tivesse considerado a fé tão preciosa como considerava o ouro."

Dessa maneira, espero que você seja sábio e possa entrar no céu, tentando obter a fé imutável e não o ouro deste mundo que você terá de deixar, quando sua vida nesta terra acabar.

Pedras preciosas significam a glória e o amor de Deus

As pedras preciosas são sólidas e possuem um alto índice de refração. Elas possuem e fornecem lindas cores e luzes. Uma vez que não são muito produzidas, são amadas por muitas pessoas e consideradas preciosas. No céu, Deus vestirá aqueles que as possuírem pela fé com linho fino e os decorará com muitas pedras preciosas, a fim de expressar Seu amor. As pessoas amam pedras preciosas e tentam se tornar mais bonitas ao se adornarem. Imagine quando Deus o adornar com pedras preciosas no céu! Alguém pode perguntar: "Por que precisamos de pedras preciosas no céu?" Elas representam a glória de Deus, e a quantidade de pedras preciosas que uma pessoa recebe representa a extensão do amor de Deus por ela. Existem inúmeros tipos e cores de pedras preciosas no céu. Para os doze fundamentos da Nova Jerusalém encontramos a safira, que é transparente em uma cor azul escura; a esmeralda, que é um verde transparente; o rubi vermelho escuro; e a crisólita, que é transparente em uma cor verde amarelada. O berilo é um verde azulado que nos lembra a água do mar, e o topázio é puxado para o laranja. O crisólito é semi-transparente e verde escuro e a ametista possui um violeta claro ou um roxo. Além dessas, há outras inúmeras pedras preciosas de lindas cores como a jaspe, calcedônia, o sardônio e o jacinto. Todas elas possuem nomes e significados diferentes assim como as pedras da terra. As cores e os nomes de cada uma são coerentes com sua dignidade, valor e glória.

Assim como as pedras preciosas nesta terra possuem diferentes cores e brilhos em ângulos diferentes, as celestiais também têm vários brilhos e cores, e mais especificamente as da Nova Jerusalém brilham e refletem ainda mais raios de luz.

Obviamente, as pedras preciosas do céu são incomparavelmente mais belas do que as que encontramos na terra, pois o próprio

Deus as poliu com o poder da criação. É por isso que o apóstolo João disse que a beleza da Nova Jerusalém é como a das mais preciosas pedras.

As pedras da Nova Jerusalém também são muito mais brilhantes que as das outras habitações celestiais, pois aqueles que entrarem na Nova Jerusalém terão cumprido completamente seus deveres e dado glórias a Ele. Assim sendo, tanto o interior como o exterior da Nova Jerusalém são enfeitados com pedras preciosas; no entanto, elas não são dadas a todos, mas somente como recompensa, na proporção das obras de cada um nesta terra.

Os Muros da Nova Jerusalém Feitos de Jaspe

Apocalipse 21:18 nos diz que os muros da Nova Jerusalém foram "feitos de jaspe". Você pode imaginar quão grandes são esses muros de jaspe de cima a baixo?

Jaspe significa fé espiritual

A jaspe encontrada nesta terra é geralmente uma pedra sólida e opaca. Sua cor varia entre tons de verde, vermelho e verde amarelado. Algumas têm cores misturadas e outras possuem pontos. Dependendo da cor, a solidez varia. A jaspe é relativamente barata e alguns tipos quebram facilmente; mas a jaspe celestial, feita por Deus, nunca quebra ou muda. A celestial tem uma cor branca azulada e é transparente, parecendo-se com água limpa. Embora não possa ser comparada a nada na terra, é semelhante à brilhante e azulada luz do sol quando refletida nas águas do mar. Essa jaspe significa a fé espiritual. A fé é o elemento mais essencial e fundamental para se levar uma vida cristã. Sem ela não podemos nem receber a salvação e nem agradar a Deus. Além do mais, sem o tipo de fé que pode agradar a Deus, não podemos entrar na Nova Jerusalém.

Assim sendo, a Cidade de Nova Jerusalém é construída com fé, e a pedra preciosa que pode expressar isso é a jaspe. É por isso que os muros da Cidade são feitos dela.

Se a Bíblia nos dissesse que "Os muros da Nova Jerusalém são feitos de fé", as pessoas seriam capazes de entender tal expressão? É claro que isso não poderia ser compreendido com pensamentos humanos. É difícil até tentar imaginar quão bela a Nova Jerusalém é decorada!

Os muros feitos de jaspe brilham com a luz da glória de Deus e são decorados com muitos designs e padrões.

A Cidade de Nova Jerusalém é obra de arte de Deus Criador e o lugar de descanso eterno para os melhores frutos dos 6.000 anos de cultivação humana. Quão magnífica, linda e cheia de brilho ela será!...

Devemos notar que a Nova Jerusalém é feita com a melhor tecnologia e equipamentos, cujos mecanismos não conseguimos nem passar perto.

Embora os muros sejam transparentes, não se é possível ver

o lado de dentro, se olharmos para a Cidade estando do lado de fora. Entretanto, isso não significa que aqueles que estão dentro dela se sentirão confinados, pois seus residentes podem ver o lado de fora de modo que parecerá, inclusive, que não há muros.

Feita de Puro Ouro Claro como o Vidro

Em Apocalipse 21:18 lemos: *"a cidade era de ouro puro, semelhante ao vidro puro."* Consideremos as características do ouro para que consigamos imaginar um pouco da beleza da Nova Jerusalém.

O ouro puro possui um valor imutável

O ouro não se oxida com o ar ou com a água. Não muda com o passar do tempo nem reage quimicamente com outras substâncias. O ouro sempre fica com o mesmo e lindo brilho. Na terra, o ouro é muito maleável e nos permite fazer ligas; mas no céu, o ouro não é tão maleável assim. Além disso, no céu, tanto o ouro como outros materiais preciosos exibem diferentes brilhos e cores e se diferem também em solidez, comparados aos da terra, pois estão expostos à luz da glória de Deus.

Mesmo na terra vemos que a elegância das jóias se difere de acordo com as habilidades de quem as desenha e esculpe. Quão belas serão as jóias da Nova Jerusalém, uma vez que são tocadas e cravadas pelo próprio Deus!...

Não há ganância ou desejo por objetos belos e bons no céu.

Na terra, as pessoas tendem a amar jóias e pedras preciosas, devido a sua lascívia e fama em vão; mas no céu elas amam as pedras preciosas de forma espiritual, pois sabem de seu significado espiritual e apreendem o amor de Deus através delas – que fez e decorou o céu com toda riqueza.

Deus fez a Nova Jerusalém com ouro puro

Por que, então, Deus fez a Cidade de Nova Jerusalém com puro ouro, que é claro como o vidro? Como explicado anteriormente, o ouro puro significa, espiritualmente, fé, esperança nascida da fé, riquezas, honras e autoridade. "Esperança nascida da fé" significa que você pode receber a salvação, esperar pela Nova Jerusalém, livrar-se de seus pecados, empenhar-se para se santificar e ansiar pelas recompensas com esperança, porque possui fé.

Assim, Deus fez a Cidade com puro ouro para que aqueles que entrarem nela com fervorosa esperança sejam eternamente cheios de gratidão e felicidade.

Apocalipse 21:18 nos diz que a Nova Jerusalém é "semelhante ao vidro puro". Isso é para expressar o quão claro e belo ela será. O ouro no céu é claro e puro como o vidro, diferentemente do ouro encontrado na terra.

A Nova Jerusalém é clara, bela e sem mancha alguma, pois é feita de puro ouro. É por essa razão que o apóstolo Paulo disse que a Cidade é de "ouro puro, semelhante ao vidro puro".

Tente imaginar a Cidade de Nova Jerusalém feita de puro ouro e muitos tipos e cores de pedras preciosas.

Depois de aceitar o Senhor, eu considerava o ouro ou qualquer outra jóia ou pedra preciosa como coisas ordinárias e nunca quis possuí-las. Era cheio de esperança pelo céu e não amava as coisas deste mundo. Entretanto, quando orei para aprender mais sobre o céu, o Senhor me disse: "No céu tudo é feito de ouro e lindas pedras preciosas; e você deveria gostar disso." Ele não quis dizer que eu deveria começar a colecionar ouro e pedras preciosas, mas sim que eu deveria perceber a providência de Deus e o significado espiritual de tais materiais, começando a vê-los da maneira como Deus os via.

Hoje, insisto que devamos amar espiritualmente o ouro e as pedras preciosas. Quando você vir ouro, você pode pensar: "eu tenho de ter fé como o puro ouro." Quando vir pedras preciosas ou jóias, lembre-se de que você pode esperar pelo céu, dizendo: "Quão linda será minha casa no céu!..."

Oro, em nome do Senhor Jesus Cristo, para que você possua uma casa celestial feita de ouro imutável e magníficas pedras preciosas, obtendo fé como o puro ouro e correndo em direção ao céu.

Capítulo 5

Os Significados
Dos Doze Fundamentos

Os fundamentos dos muros da cidade eram
ornamentados com toda sorte de pedras preciosas.
O primeiro fundamento era ornamentado com jaspe;
o segundo com safira; o terceiro com calcedônia;
o quarto com esmeralda; o quinto com sardônio;
o sexto com sárdio; o sétimo com crisólito;
o oitavo com berilo; o nono com topázio;
o décimo com crisópraso;
o décimo primeiro com jacinto;
e o décimo segundo com ametista.

- Apocalipse 21:19-20

O apóstolo João sobre os doze fundamentos em detalhes. Por que ele fez um registro tão aprofundado da Nova Jerusalém? Deus quer que seus filhos possuam uma fé verdadeira e a vida eterna, conhecendo os significados dos doze fundamentos da Nova Jerusalém.

Por que, então, Deus fez os doze fundamentos com doze pedras preciosas? A combinação das doze pedras preciosas representa o coração de Jesus Cristo e Deus, e a culminação do amor. Portanto, se você entender o significado espiritual de cada um dos doze fundamentos, poderá facilmente saber o quanto o seu coração tem refletido o de Jesus Cristo e quão qualificado você está para entrar na Nova Jerusalém.

Examinemos, pois, as doze pedras preciosas e seu significado.

Jaspe: Fé Espiritual

O primeiro fundamento dos muros da Nova Jerusalém é ornamentado com jaspe, que significa fé espiritual. A fé pode ser geralmente classificada em "fé espiritual" e "fé carnal". Enquanto a fé carnal é cheia de apenas conhecimento, a "fé espiritual" é acompanhada de obras e se origina do fundo do coração da pessoa. O que Deus quer é a fé espiritual, e não a carnal. Se você não tiver fé espiritual, a sua "fé" não poderá ser acompanhada de obras e você não poderá agradar a Deus ou entrar na Nova Jerusalém.

A fé espiritual é a base da vida cristã

"Fé espiritual" aqui se refere à fé com a qual você pode acreditar em toda a Palavra de Deus do fundo do seu coração. Se você tiver esse tipo de fé acompanhada por obras, você tentará se santificar e seguir sempre em direção à Nova Jerusalém. A fé espiritual é o elemento mais importante da vida cristã. Sem ela, você não pode ser salvo, ter suas orações respondidas, ou ter esperança pelo céu.

Hebreus 11:6 nos lembra: *"Sem fé é impossível agradar a Deus, pois quem dele se aproxima precisa crer que Ele existe e que recompensa aqueles que o buscam."* Se você tiver uma fé verdadeira, acreditará em Deus, que o recompensa, e poderá então ser fiel, lutar contra os pecados, a fim de livrar-se deles e andar pelo caminho estreito. Será capaz de fazer o bem fervorosamente e entrar na Nova Jerusalém, seguindo o Espírito Santo.

Desse modo, a fé é a base de uma vida cristã. Assim como um edifício não permanece firme sem o devido fundamento, você não pode levar uma boa vida cristã sem uma fé firme. É por isso que Judas 1:20-21 nos diz: *"Edifiquem-se, porém, amados, na santíssima fé que vocês têm, orando no Espírito Santo. Mantenham-se no amor de Deus, enquanto esperam que a misericórdia de nosso Senhor Jesus Cristo os leve para a vida eterna."*

Abraão, o Pai da Fé

O melhor exemplo bíblico de crer na Palavra de Deus sem hesitar e ter obras de obediência total é Abraão. Ele foi chamado de 'Pai da Fé', pois demonstrou perfeitas obras e fé inabalável.

Aos 75 anos de idade, Abraão recebeu de Deus uma palavra de grande benção: ele seria pai de uma grande nação e fonte de benção. Ele creu naquela palavra e saiu de sua cidade, mas 20 anos haviam se passado, e filho nenhum havia vindo ainda.

Abraão e sua esposa, Sara, já estavam velhos demais para

ter um filho; mas mesmo naquela situação, Romanos 4:19-20 diz, *"não duvidou nem foi incrédulo em relação à promessa de Deus."* Sua fé sempre esteve forte, e ele acreditava completamente na promessa de Deus. No fim, ele foi pai de Isaque aos 100 anos.

Mas houve mais uma ocasião onde a fé de Abraão brilhou ainda mais forte. Foi quando Deus ordenou que ele oferecesse seu único filho, Isaque, como sacrifício. Abraão não duvidava da Palavra de Deus, e sabia que Deus o daria incontáveis descendentes a partir de Isaque. Como ele tinha uma fé firme na Palavra de Deus, ele achou que Ele ressuscitaria seu filho se ele o oferecesse como oferta queimada.

É por isso que ele não hesitou em obedecer à Palavra de Deus. Com isso, Abraão foi ainda mais qualificado para se tornar o Pai da Fé. Além disso, através dos seus descendentes, a nação de Israel foi formada, o que mostra que os frutos de sua fé foram produzidos também fisicamente.

Porque ele acreditou em Deus e em Sua Palavra, ele obedeceu. Isso é um exemplo de fé espiritual.

Pedro recebeu as chaves do Reino dos Céus

Consideremos um indivíduo que tinha esse tipo de fé espiritual. Que tipo de fé o apóstolo Pedro tinha, para que o seu nome fosse escrito em um dos fundamentos da Nova Jerusalém? Mesmo antes de ser chamado como discípulo, sabemos que Pedro obedecia a Jesus; por exemplo, quando Jesus lhe disse para lançar as redes ao mar, ele o fez (Lucas 5:3-6); e quando Jesus lhe disse para trazer uma jumenta com seu jumentinho, ele obedeceu com fé (Mateus 21:1-7). Pedro obedeceu quando Jesus lhe disse para ir ao lago, pegar um peixe e tirar uma moeda dela (Mateus 17:27). Ele andou sobre as águas como Jesus, mesmo sendo apenas por um momento. Mas, através desses exemplos, acho que já dá para termos uma idéia da enorme fé de Pedro.

Conseqüentemente, Jesus considerou a fé de Pedro e lhe deu as chaves do reino do céu para que qualquer coisa que ele ligasse na terra fosse ligada no céu, e tudo que ele desligasse na terra fosse desligado no céu (Mateus 16:19). Pedro ganhou uma fé mais perfeita depois de receber o Espírito Santo, testemunhar sobre Jesus fervorosamente e se devotar para o reino de Deus pelo resto de sua vida, até se tornar um mártir.

Devemos avançar em direção ao céu assim como Pedro o fez, dar glórias a Deus e possuir, conquistar a Nova Jerusalém, com a fé que agrada a Ele.

Safira: Retidão e Integridade

O segundo fundamento dos muros da Nova Jerusalém é ornamentado com safira e exibe um azul escuro transparente. O que, então, a safira significa espiritualmente? Ela significa retidão e a integridade da própria verdade, que prevalece contra as tentações ou ameaças deste mundo. A safira é uma pedra que simboliza a luz da verdade que não muda e o "coração reto" que considera completamente a vontade de Deus.

57

Daniel e seus três amigos

Um bom exemplo de retidão espiritual e integridade na Bíblia pode ser encontrado na história de Daniel e seus três amigos – Sadraque, Mesaque e Abede-nego. Daniel não se comprometeu com nada que fosse contra a justiça de Deus, nem mesmo quando o rei ordenou. Daniel se apegou firmemente à justiça diante de Deus até ser colocado na cova dos leões. Deus agradou tanto da integridade da fé de seu servo, que o protegeu, enviando anjos para fechar as bocas dos leões e permitindo que Seu nome fosse glorificado.

Daniel 3:16-18 diz que os três amigos de Daniel também agarraram-se à fé com seus corações retos até serem jogados na fornalha ardente. Negando-se a cometer o pecado da idolatria, eles confessaram corajosa e confiantemente ao rei:

Ó Nabucodonosor, não precisamos defender-nos diante de ti. Se formos atirados na fornalha em chamas, o Deus a quem prestamos culto pode livrar-nos, e Ele nos livrará das tuas mãos, ó rei. Mas, se ele não nos livrar, saiba, ó rei, que não prestaremos culto aos teus deuses nem adoraremos a imagem de ouro que mandaste erguer.

Por fim, apesar de eles terem sido jogados na fornalha ardente sete vezes mais quente como era de costume, os três amigos de Daniel saíram completamente ilesos, porque Deus estava com eles. É simplesmente incrível o fato de nem sequer um fio de cabelo ter sido queimado e nem cheiro de fumaça terem aqueles rapazes. O rei que testemunhou tudo isso glorificou a Deus e promoveu os três amigos de Daniel.

Devemos pedir com fé, sem duvidar

Tiago 1:6-8 nos diz o quanto Deus odeia os corações que não são retos:

Peça, porém, com fé, sem duvidar, pois aquele que duvida é semelhante à onda do mar, levada e agitada pelo vento. Não pense tal pessoa que receberá coisa alguma do Senhor, pois tem mente dividida e é instável em tudo o que faz.

Se não tivermos um coração reto e duvidarmos nem que seja "um pouquinho" de Deus, estamos com dúvida. Aqueles que duvidam estão propensos a ser facilmente abalados pelas tentações deste mundo, pois são desatentos e tímidos. Além disso, também não conseguem ver a glória de Deus, por não serem nem capazes de demonstrar sua fé, nem de obedecer-Lhe. É por isso que somos lembrados: *"aquele homem são deve esperar que vá receber alguma coisa do Senhor."*

Pouco depois da inauguração de minha igreja, minhas três filhas quase morreram de envenenamento com monóxido de carbono. Ainda assim não me preocupei com isso e nem sequer pensei em levá-las ao hospital, porque acreditava completamente no Deus Todo Poderoso. Simplesmente fui ao santuário, ajoelhei e orei em ação de graças. Depois disso, orei com fé: "Ordeno, em nome de Jesus Cristo! Gás Venenoso, saia!" Então minhas filhas, que já estavam inconscientes, se levantaram imediatamente, uma por uma, à medida que orava por elas. Muitos membros da igreja, que testemunharam esse acontecimento, ficaram totalmente maravilhados e alegres, glorificando a Deus grandemente.

Se tivermos fé que nunca se compromete com este mundo e corações justos que agradam a Deus, poderemos glorificá-lo intensamente e levar vidas abençoadas em Cristo.

Calcedônia: Inocência e Amor Sacrificial

O terceiro fundamento dos muros da Nova Jerusalém é ornamentado com a calcedônia, que espiritualmente simboliza inocência e amor sacrificial.

Inocência é o estado de ser limpo e puro nas ações e sem culpa no coração. Quando uma pessoa é capaz de se sacrificar com essa pureza de coração, ela tem um coração espiritual, que está contido na calcedônia.

O amor sacrificial é um tipo de amor que nunca pede nada em troca e é condizente com a justiça do reino de Deus. Se uma pessoa possui amor sacrificial, ela se satisfaz apenas com o fato de amar aos outros em qualquer tipo de situação sem procurar retorno, pois não procura satisfazer seus próprios interesses, mas se importa verdadeiramente com os outros.

Por outro lado, com o amor carnal, se a pessoa não é amada

de volta, ela se sente vazia, triste e decepcionada, pois esse tipo de amor possui uma essência egoísta. Portanto, aquele que possui amor carnal sem um coração disposto a se sacrificar, pode, eventualmente, odiar outras pessoas e tornar-se inimigo de quem era amigo chegado no passado, e não é mais. Assim sendo, devemos notar que o amor verdadeiro é o amor do Senhor, que amou toda a humanidade e fez-se o próprio sacrifício.

O amor sacrificial não espera nada em troca

Nosso Senhor Jesus, sendo da natureza de Deus, Se fez nada ao vir à terra em carne e salvar toda a humanidade. Ele nasceu em um estábulo e foi deitado em uma manjedoura para salvar as pessoas que são como animais e levou uma vida sem riquezas, a fim de nos salvar da pobreza. Jesus curou os doentes, fortaleceu os fracos, deu esperanças aos sem-esperança e se aproximou dos que eram ignorados pela sociedade. Ele nos mostrou somente bondade e amor, mas por isso Ele foi zombado, açoitado e, por fim, crucificado, usando uma coroa de espinhos por pessoas más que não haviam percebido que Ele tinha vindo como nosso Salvador.

Jesus, mesmo sob intensas dores em sua crucificação, orou a Deus Pai em amor por aqueles que haviam zombado Dele e O crucificado. Ele foi alguém sem nenhuma culpa ou mácula, mas se sacrificou pelos seres humanos que são pecadores. Nosso Senhor nos ofereceu esse amor sacrificial e deseja que todos se amem. Assim, nós, que recebemos esse amor do Senhor, não devemos querer ou esperar nada em troca, se verdadeiramente amamos ao nosso próximo.

Rute teve amor sacrificial

Rute não era israelita, mas moabita, e casou-se com um israelita filho de Naomi, cuja família tinha se mudado para Moabe devido à fome em Israel. Naomi tinha dois filhos, ambos casados com moabitas, e ambos também morreram em Moabe.

Sob aquelas condições, quando Naomi soube que a fome em Israel tinha acabado, ele queria voltar e sugeriu que suas duas noras ficassem em Moabe, sua terra natal. Uma delas disse que iria com Naomi, mas no fim acabou ficando com seus pais. Rute, por sua vez, insistiu que seguiria sua sogra.

Se Rute não tivesse amor sacrificial, ela não poderia ter feito o que fez. Sua sogra precisava de assistência, pois já era de idade e Rute teria de ir para uma terra estrangeira e cuidar dela. Ela foi e cuidou de Naomi muito bem sem o interesse de receber nada em troca.

Rute demonstrou amor sacrificial com alguém com quem não tinha nenhum laço de sangue, sendo, portanto, como um completo estranho. Entretanto, ela cria em Deus, em quem sua sogra também cria; o que quer dizer que o amor sacrificial dela não veio apenas de seu senso de dever, mas era amor espiritual, que vinha da fé que tinha em Deus.

Rute foi para Israel com sua sogra e ali trabalhou duro. De dia ela colhia nos campos para obter alimento e servir a Naomi. Essa obre genuína de bondade naturalmente se fez conhecida à gente das redondezas. Por fim, Rute foi muito abençoada atrvés de Boaz, parente de sua sogra.

Muitas pessoas acham que, se se humilharem e se sacrificarem, seu valor será diminuído também, e por isso que não conseguem fazer tais coisas. Contudo, aqueles que se sacrificam sem motivos egoístas, mas com um puro coração, serão revelados diante de Deus e das pessoas. A bondade e o amor brilham aos outros como luzes espirituais. Deus compra a luz desse amor sacrificial à luz da calcedônia, a pedra do terceiro fundamento.

Esmeralda: Justiça e Coração Limpo

O quarto fundamento dos muros da Nova Jerusalém é ornamentado com esmeraldas, que simbolizam a beleza e o terno verde da natureza. A esmeralda espiritualmente simboliza justiça e significa o fruto da luz, como registrado em Efésios 5:9, *"Pois o fruto da luz consiste em toda bondade, justiça e verdade."* A cor que tem a harmonia de 'toda bondade, justiça e verdade' é a mesma da luz espiritual da esmeralda. Somente quando temos toda bondade, justiça e verdade é que podemos ter verdadeira retidão aos olhos de Deus.

Bondade apenas, sem justiça, ou só justiça sem bondade não adiantam. E essa bondade e justiça tem de ser verdadeiras. A verdade nunca muda. Assim, não adianta sermos bons ou justos

63

se não for algo verdadeiro.

A "justiça" que Deus reconhece é o livrar-se dos pecados, obedecendo aos mandamentos encontrados na Bíblia em santidade, limpando-se de todo tipo de injustiça e sendo fiel por toda a vida. Livrar-se dos pecados também é procurar o Reino de Deus e Sua justiça, cumprir a vontade de Deus, ter ações ou atitudes retas e disciplinadas, permanecer firme na Rocha e fazer tudo o mais que significa cumprir a "justiça" reconhecida por Ele.

Não importa quão bons e mansos sejamos, se não formos justos, pois somente o sendo colheremos o fruto da luz. Suponha que alguém agarre seu pai pela garganta e o insulte, embora ele seja inocente. Se você se mantiver quieto, assistindo ao sofrimento de seu pai, não podemos chamar isso de justiça verdadeira; não poderíamos falar que você esteja cumprindo seu dever de filho.

Semelhantemente, a bondade sem a justiça não é "bondade" espiritual sob o olhar de Deus. Como pode uma mente desonesta e indecisa ser boa? O oposto também é verdade: a "justiça" sem bondade não é justiça aos olhos de Deus.

A justiça e o coração limpo de Davi

Davi foi o segundo rei de Israel, vindo depois de Saul. Quando Saul era rei, Israel estava lutando contra os filisteus. Davi agradou a Deus com sua fé e derrotou Golias e, com isso, Israel teve a vitória.

As pessoas passaram a amar Davi depois daquele evento, e Saul, com inveja tentou matá-lo. Saul já tinha sido abandonado por Deus por causa de sua arrogância e desobediência; e Deus prometeu que faria Davi ser rei em seu lugar. Naquela situação, Davi tratou Saul com bondade, justiça e verdade. Sendo inocente, Davi teve de fugir de Saul, que tentou matá-lo por muito tempo, diversas vezes. Uma vez, Davi teve uma ótima oportunidade de matar Saul. Os guerreiros que estavam com ele queriam fazê-lo, mas Davi os impediu.

1 Samuel 24:6 diz, *"Que o Senhor me livre de fazer tal coisa ao meu senhor, de erguer a mão contra ele, pois é o ungido do Senhor."* Embora Saul tivesse sido abandonado por Deus, Davi não podia ferir alguém que tinha sido ungido por Deus como rei. A autoridade de deixar Saul viver ou morrer estava com Deus, e Davi não ultrapassou seus limites. Deus diz que esse coração de Davi é justo.

Sua justiça foi revelada com bondade que toca no coração. Saul tentou matá-lo mas ele poupou a vida de Saul. Que bondade! Ele não pagou o mal com o mal, mas só com o bem – em palavras e em obras. A bondade e a justiça de Davi eram verdadeiras, ou seja, surgiram da verdade em si.

Quando Saul soube que Davi havia poupado a sua vida, ele foi comovido por sua bondade e pareceu ter o coração transformado. No entanto, em pouco tempo seus pensamentos mudaram novamente, e ele mais uma vez tentou matar Davi. Novamente,

65

Davi teve a chance de matar Saul, mas como antes, deixou que ele vivesse. Davi demonstrou bondade e justiça sem variar, e isso pôde ser reconhecido por Deus.

Se Davi tivesse matado Saul na primeira oportunidade, será que ele teria se tornado rei mais cedo e sem passar por tanto sofrimento? Sim; mas mesmo que tenhamos de sofrer mais e passar por mais dificuldades, devemos sempre ter o coração que escolhe a justiça de Deus. Se somos uma vez reconhecidos como justos por Deus, o nível de garantia que Ele nos dá já passa a ser diferente.

Davi não matou Saul na com suas próprias mãos. Ele foi morto pelos gentios e Deus fez Davi o rei de Israel, que foi feita por ele uma forte nação. Isso tudo porque Deus se agradou muito do coração justo e puro de Davi.

Da mesma forma, temos de ser harmoniosos e perfeitos em bondade, justiça e verdade para que possamos produzir o abundante fruto da luz – o fruto da esmeralda, o quarto fundamento – e exalar a fragrância da justiça com a qual Deus se agrada.

Sardônia: Fidelidade Espiritual

A sardônia, o quinto fundamento dos muros da Nova Jerusalém, simboliza espiritualmente a fidelidade. Se simplesmente fizermos o que temos de fazer, não podemos dizer que somos fiéis; mas só quando fazemos além do que temos de fazer por obrigação. E isso só é possível sem preguiça. Temos de ser diligentes e dar o nosso máximo em todas as coisas ao cumprirmos nossos deveres, e ainda ir além, fazer mais.

Suponha que você seja um empregado. Se simplesmente fazer bem o seu trabalho, será que podemos dizer que você é fiel? Você apenas fez o que tinha de fazer, e assim, não poder ser considerado dedicado ou fiel. Você precisa fazer não só o trabalho que lhe foi atribuído, mas também deve tentar fazer coisas que não foram originalmente dadas a você com todo o seu coração e mente. Só assim você poderá ser considerado fiel.

O tipo de fidelidade dedicada reconhecida por Deus é quando fazemos nosso dever de todo o nosso coração, mente, alma e vida; e esse tipo de fidelidade deve estar em todas as áreas: igreja, trabalho, e família. Assim, você poderá dizer que é fiel em toda a casa de Deus.

Para ser fiel espiritualmente

Para termos fidelidade espiritual, devemos primeiramente ter um coração justo. Devemos desejar que o reino de Deus cresça, que a igreja seja reavivada e fique maior, que o local de trabalho seja próspero, e que nossa família seja feliz. Se pararmos de buscarmos só o nosso bem e desejarmos que os outros e a comunidade sejam prósperos, isso mostrará que o temos um coração justo.

Para ter esse coração justo e ser fiel ao mesmo tempo, devemos ter um coração sempre disposto a sacrificar. Se só pensarmos, "o que importa é a minha prosperidade, e não se a igreja está crescendo", então provavelmente não nos sacrificaremos pela igreja. Não podemos encontrar fidelidade nesse tipo de pessoa, e Deus não poderia dizer que esse tipo de coração é um coração justo.

Além dessa justiça, se também tivermos o coração que sacrifica, trabalharemos fielmente pela salvação de almas e pela igreja. Ainda que não tenhamos nenhum dever específico, pregaremos o evangelho diligentemente. Não é necessário que ninguém nos peça – cuidaremos de outras almas e sacrificaremos nosso tempo de lazer por elas, e ainda gastaremos nosso dinheiro para seu benefício, dando-as todo nosso amor e fidelidade.

E para que essa fidelidade se torne fidelidade em toda a casa de Deus, devemos também ter bondade no coração. Aqueles cujo coração é bom não se inclinam para um lado ou outro. Se negligenciarmos alguma coisa, nos sentiremos desconfortáveis se tivermos bondade em nosso coração.

Se você tem bondade em seu coração, você é fiel em todos os seus deveres. Não negligencia um grupo pensando, "Como sou o líder desse grupo, os membros do outro grupo entenderão porque não poderei ir à reunião". Você sente, em sua bondade, que não deve negligenciar o outro grupo e, assim, ainda que não consiga estar presente na reunião, faz algo e demonstra carinho pelo outro grupo também.

A magnitude desse tipo de atitude vai variar de acordo com a magnitude da bondade que você tem. Se ela é pouca, você não vai se importar muito com o outro grupo. Mas se ela for maior, você não ignorará o desconforto que sentirá em seu coração. Você sabe que tipo de atitude é atitude de bondade, e se você não estiver agindo adequadamente, ficará difícil de agüentar. Só terá paz quando demonstrar boas obras em atitudes de bondade.

Aqueles que são bons no coração logo sentem um desconforto quando não fazem o que deveriam, seja em casa ou no trabalho. Essas pessoas não dão desculpas dizendo que as circunstâncias as impediram de fazer algo.

Por exemplo, suponha que haja uma irmã com vários títulos na igreja que passa muito tempo no templo. Relativamente falando, ela, consequentemente, passa menos tempo com seu marido e filhos do que antes de ter os deveres com a igreja.

Se ela for realmente boa no coração e fiel em toda a casa de Deus, quanto menos tempo ela tiver, mais amor ele tem de dar ao seu marido e filhos, e mais deve cuidar deles. Ela tem de fazer o seu melhor em todos os aspectos em todos os tipos de trabalho.

Assim, as pessoas ao seu redor sentirão o verdadeiro aroma do seu coração e ficarão satisfeitas, pois terão sentido bondade e amor verdadeiro, e vão querer entendê-la e ajudá-la. Como resultado, ela terá paz com todos; e isso é ser fiel em toda a casa de Deus com um bom coração.

Como Moisés que foi fiel em toda a casa de Deus

Moisés era um profeta reconhecido por Deus a ponto de Deus falar com ele face a face. Moisés cumpriu todos os seus

69

deveres de forma completa para realizar as coisas que Deus lhe ordenara, não dando muita atenção às suas próprias provações. O povo de Israel reclamava e desobedecia sempre que se via diante de dificuldades, mesmo depois de ter testemunhado e experimentado os sinais e maravilhas de Deus, mas Moisés os guiava continuamente à fé e ao amor. Mesmo quando Deus se enfureceu com esse povo por causa de seus pecados, Moisés não deu as costas para eles, mas ao invés disso, ainda pediu que Ele lhes perdoasse. Então Moisés voltou-se ao Senhor e disse o seguinte:

> Ah, que grande pecado cometeu este povo! Fizeram para si deuses de ouro. Mas agora, eu te rogo, perdoa-lhes o pecado; se não, risca-me do teu livro que escreveste. (Êxodo 32:31-32).

Ele jejuou a favor do povo, arriscando sua própria vida e foi, inclusive, mais fiel que Deus esperava que ele fosse ser. É por isso que Deus reconheceu Moisés e disse: *"meu servo Moisés, que é fiel em toda a minha casa"* (Números 12:7).

A fidelidade que a sardônia simboliza é, inclusive, a fidelidade até a morte, como escrito em Apocalipse 2:10. Isso é possível somente quando amamos a Deus primeiro. Isso significa dar todo o nosso tempo, dinheiro e vida, e fazer mais do que nos é dado para fazer com todo nosso coração e mente.

Antigamente havia conselheiros reais que eram fiéis à sua nação, até mesmo a ponto de sacrificar suas próprias vidas. Se o rei fosse um tirano, os conselheiros leais o aconselhariam a seguir o caminho certo, mesmo se isso resultasse arriscar as suas vidas. Eles podiam ser exilados ou mortos, mas eram leais porque amavam mais ao rei e à nação que a si mesmos.

Devemos amar a Deus em primeiro lugar para fazer além do que Ele nos pede para fazer, da mesma forma que aqueles conselheiros entregavam suas vidas pela nação e que Moisés foi fiel em toda casa de Deus, realizando o reino de Deus e a justiça. Portanto, devemos nos apressar para nos santificar em todos os aspectos de nossas vidas, para que possamos ter as qualificações requeridas para entrar na Nova Jerusalém.

Sárdio: Amor Apaixonado

Sardius has a transparent, dark red color and symbolizes the blazing sun. It is the sixth foundation of the walls of New Jerusalem and spiritually symbolizes passion, enthusiasm, and passionate love in accomplishing God's kingdom and righteousness. It is the heart to faithfully execute given tasks and duties with all our strength.

O sárdio possui uma cor vermelha transparente e simboliza o sol ardendo em chamas. É o sexto fundamento dos muros da Nova Jerusalém e simboliza espiritualmente a paixão, o entusiasmo e o amor passional na busca pelo reino de Deus e sua justiça. É o coração executar completamente as tarefas e deveres que lhes foram dados, com toda força.

Diferentes níveis de amor apaixonado

Existem muitos níveis de amor, e em geral, ele pode ser dividido entre amor espiritual e carnal. O amor espiritual nunca muda porque é dado por Deus, enquanto o carnal muda facilmente, uma vez que é principalmente egoísta.

Não importa quão verdadeiro seja o amor de pessoas mundanas, pois nunca poderá ser amor espiritual, que é o amor do Senhor que só pode ser adquirido na verdade. Além disso, não podemos ter amor espiritual sem entrarmos na luz da verdade. Só o obtemos depois de refletir o coração do Senhor.

Você possui amor espiritual? Você pode se examinar com a definição de amor que encontramos em 1 Coríntios 13:4-7:

> *O amor é paciente, o amor é bondoso. Não inveja, não se vangloria, não se orgulha. Não maltrata, não procura seus interesses, não se ira facilmente, não guarda rancor. O amor não se alegra com a injustiça, mas se alegra com a verdade. Tudo sofre, tudo crê, tudo espera, tudo suporta.*

Por exemplo, se somos pacientes, mas egoístas, ou não facilmente enfurecidos, mas mal-educados, não temos o amor espiritual sobre o qual Paulo escreve – para o nosso amor ser espiritual, ele não pode deixar de ter nenhuma característica dos versículos acima.

Além disso, se você ainda tem uma sensação de solidão ou vazio, apesar de achar que possui amor espiritual, isso é porque tem desejado receber algo em troca sem perceber. Seu coração ainda não foi completamente cheio da verdade do amor espiritual.

Por outro lado, se você é cheio de amor espiritual, você nunca se sente sozinho ou vazio, mas está sempre feliz, alegre e grato. O amor espiritual se alegra em dar: quanto mais você dá, mais alegre, grato e feliz você fica.

O amor espiritual tem alegria em se entregar

Romanos 5:8 nos diz: *"Mas Deus demonstra seu amor por nós: Cristo morreu em nosso favor, quando ainda éramos pecadores."*

Deus ama a Jesus, Seu único Filho, e O ama muito porque Jesus é a verdade em si, que reflete precisamente o Próprio Deus. Ainda assim Este entregou o Seu único filho como sacrifício. Quão grande é o amor de Deus!

Deus demonstrou o Seu amor por nós, sacrificando o Seu único Filho. É essa a razão pela qual podemos ler a seguinte coisa em 1 João 4:16: *"Assim conhecemos o amor que Deus tem por nós e confiamos nesse amor."*

A fim de entrar na Nova Jerusalém, devemos ter o amor de Deus com o qual podemos nos sacrificar e que se regozija em dar, para que possamos produzir assim as evidências que testificam a nossa vida em Deus.

O amor passional do apóstolo Paulo pelas almas

O apóstolo Paulo é um bom exemplo na Bíblia que tem o tipo de coração apaixonado como o sárdio, devotando-se ao reino de Deus. Do momento que ele teve um encontro com o Senhor até a sua morte, suas obras foram de amor a Jesus, e nunca mudaram. Como apóstolo dos gentios, ele salvou muitas almas e estabeleceu várias igrejas em suas três viagens missionárias. Até seu martírio, em Roma, ele testificou de Jesus Cristo a todo o tempo, sem cessar.

Sendo o apóstolo dos gentios, o caminho de Paulo foi muito duro e arriscado. Ele passou por muitas situações que puseram sua vida em risco e sofreu perseguição da parte dos judeus a todo o tempo. Foi espancado e preso, e sua embarcação afundou três vezes. Ficou sem dormir, passou fome e sede, e suportou tempos de extremo calor e extremo frio. Em suas viagens missionárias, havia sempre diversas situações que eram difíceis de suportar.

Entretanto, Paulo nunca se arrependeu de sua escolha. Em momento algum teve pensamentos como, "Está difícil. Queria descansar pelo menos um pouco..." seu coração nunca balançou, e ele nunca temeu nada. Apesar de passar sempre por tantos problemas, sua principal preocupação era a igreja e os crentes.

Em 2 Coríntios 11:28-29, o vemos confessar, *"Além disso, enfrento diariamente um pressão interior, a saber, minha preocupação com todas as igrejas. Quem está fraco, que eu não me sinta fraco? Quem não se escandaliza, que eu não me queime por dentro?"*

Até ele entregar sua própria vida, paulo demonstrou paixão e fervor enquanto se esforçava pela salvação das almas. Podemos ver como seu desejo pela salvação das almas era apaixonado em Romanos 9:3, que diz, *"Pois eu até desejaria ser amaldiçoado e separado de Cristo por amor de meus irmãos, os de minha raça."* Aqui, "irmãos" não é apenas seus parentes de sangue, mas uma referência ao povo de Israel, inclusive os judeus que o perseguiam. Ele disse que poderia escolher ir para o inferno se isso fosse garantir a salvação deles. Podemos ver como seu amor pelas almas era grande e apaixonado, e como era marcante o seu fervor pela sua salvação.

Esse amor apaixonado pelo nosso Senhor, o fervor e o esforço pela salvação de outras almas estão representados pela cor vermelha do sárdio.

Crisólito: Misericórdia

O crisólito, o sétimo fundamento dos muros da Nova Jerusalém, é transparente ou semi-transparente e possui um tom amarelado, esverdeado, azulado e rosado. Às vezes parece totalmente transparente.

O que o crisólito simboliza espiritualmente? Ele simboliza a misericórdia verdadeira que é entender em verdade a pessoa que não pode ser compreendida de jeito nenhum, e que pode perdoar em verdade até aqueles que não podem ser perdoados. Entender e perdoar 'em verdade' é entender e perdoar com amor em bondade. A misericórdia, com a qual podemos abraçar os outros com amor, é simbolizada pelo crisólito. Aqueles que tem essa misericórdia não tem nenhum preconceito. Elas não pensam, "não gosto de fulano por causa de tal coisa". Eles não desgostam de ninguém; e, obviamente, não tem inimizade com ninguém. Eles tentam simplesmente olhar para as coisas e vê-las de forma linda. Simplesmente acolhem a todos. Assim, mesmo quando ficam diante de alguém que cometeu um grave pecado, demonstram compaixão. Odeiam o pecado, mas não o pecador. Preferem entender o pecador e abraçá-lo. Isso é misericórdia.

O coração de misericórdia revelado através de Jesus e Estevão

Embora Jesus soubesse que Judas Iscariotes iria traí-Lo, Ele nunca o odiou, mas o amou até o fim e lhe deu chances para agir de forma diferente. Ele nunca o excluiu ou ficou distante dele.

Mesmo quando Jesus foi crucificado, ele não reclamou, mas, ao invés disso, orou e pediu que aqueles que O condenavam e feriam fossem perdoados, como registrado em Lucas 23:34, que diz, *"Pai, perdoe-os; pois não sabem o que fazem."*

Estevão também tinha esse tipo de misericórdia. Apesar de não ser apóstolo, ele era cheio de graça e poder. Enquanto era apedrejado por pessoas más até a morte, ele orou a Deus em amor e pediu o perdão daqueles que o apedrejavam. Como registrado em Atos 7:60, ele disse, "Então caiu de joelhos e bradou, 'Senhor, não os considere culpados desse pecado.' E tendo dito isto, adormeceu."

O fato de Estevão ter orado por aqueles que estavam o matando prova que ele já os tinha perdoado. Ele não tinha nenhum ressentimento contra eles. Isso nos mostra que ele tinha o perfeito fruto da misericórdia – a compaixão por aquelas pessoas.

Se há alguém que você odeia ou não gosta na sua família, entre seus irmãos na fé, ou no trabalho; ou alguém de quem você pense, 'Não gosto desse modo de agir. Ele sempre está contra mim, e eu não gosto dele', ou se você simplesmente não gosta de alguém e fica distante da pessoa por qualquer razão, você está bem longe de ter misericórdia.

Não devemos ter ninguém a quem odiamos ou não gostemos. Devemos ser capazes de entender, aceitar, e demonstrar bondade a todos. O Pai nos mostra a beleza de Sua misericórdia com o crisólito.

Um coração misericordioso que abraça tudo

Então, qual é a diferença entre amor e misericórdia?

O amor espiritual é o auto-sacrifício, sem procurar a satisfação de seus próprios interesses ou benefícios, sem esperar nada em troca, enquanto a misericórdia enfatiza o perdão e a tolerância. Em outras palavras, a misericórdia é o coração que compreende e não odeia mesmo quem não pode ser entendido ou amado. A misericórdia não odeia ou desdenha ninguém, mas fortalece e conforta as pessoas. Se você possui esse tipo de coração, você não aponta as falhas ou erros dos outros, mas sim os abraça para que tenham todos um bom relacionamento.

Como, então, devemos agir com pessoas más? Devemos lembrar que uma vez éramos todos maus, mas que porque alguém alguma vez nos levou a Deus, recebemos o verdadeiro amor e perdão.

Do mesmo modo, quando temos contato com mentirosos, freqüentemente nos esquecemos de que uma vez também costumávamos mentir, a fim de obter nossos próprios benefícios. Assim, ao invés de evitar tais pessoas, devemos mostrar nossa misericórdia, para que elas possam das as costas aos caminhos maus. Somente quando as compreendemos e as guiamos com tolerância e amor, elas podem ser transformadas e virem para a verdade, até a perceberem. Logo, a misericórdia trata todos da mesma maneira e sem preconceito, não ofende a ninguém, mas tenta entender tudo de uma boa maneira – quer você goste ou não.

Berilo: Paciência

O berilo, oitavo fundamento dos muros da Nova Jerusalém, possui uma cor azul ou verde escura e nos lembra o azul do mar. O que o berilo significa espiritualmente? Ele simboliza a paciência em todas as coisas concernentes à realização das tarefas de justiça no reino de Deus. Ele significa a perseverança em amor, mesmo com aqueles que nos perseguem, amaldiçoam e odeiam.

Significa amá-los e não, odiá-los de volta. Tiago 5:10 nos encoraja da seguinte maneira: *"Irmãos, tenham os profetas que falaram em nome do Senhor como exemplo de paciência diante do sofrimento."* Podemos transformar os outros quando a nossa atitude é paciente para com eles.

A paciência como um fruto do Espírito e do amor

Podemos ler sobre a paciência como um dos nove frutos do Espírito em Gálatas 5, e como um fruto do amor, em 1 Coríntios 13. Há alguma diferença entre a paciência como fruto do Espírito e a paciência como fruto do amor?

De um lado, a paciência no amor é referente à paciência necessária para a resolução de conflitos pessoais, como por exemplo, ser paciente com quem nos insulta ou diante de qualquer tribulação que encontramos na vida. A paciência como fruto do Espírito, por sua vez, se refere à verdadeira paciência – e paciência diante de Deus é *tudo*.

Por conseguinte, a paciência como fruto do Espírito tem um significado mais amplo, incluindo a paciência necessária para relações pessoais e assuntos concernentes ao reino de Deus e à Sua justiça.

Os diferentes tipos da verdadeira paciência

A paciência para se realizar o reino e a justiça de Deus pode ser dividida em três tipos.

O primeiro deles a paciência entre Deus e os seres humanos. Temos de ser pacientes até que a promessa de Deus se cumpra. O Pai é fiel; uma vez que Ele fala algo, Ele certamente o fará, sem voltar atrás. Portanto, se recebemos uma promessa de Deus, temos de ser pacientes até que ela se cumpra.

E também, quando oramos a Deus, temos de esperar por Sua resposta pacientemente. Há crentes que dizem, "Oro a noite toda e até jejuo, mas mesmo assim a resposta não vem." Isso é como o agricultor que planta e semente e pouco tempo depois a desenterra porque não teve frutos ainda. Se semeamos, temos de ser pacientes até que a semente germine, cresça, floresça e produza frutos.

O agricultor arranca as ervas daninhas e protege sua plantação de insetos que podem prejudicá-la. Ele trabalha duro com muito suor para que seu fruto venha. Da mesma forma, para receber a resposta de suas orações, você precisa fazer certas coisas. Precisa utilizar a medida certa dos sete Espíritos – fé, alegria, oração, gratidão, fidelidade dedicada, obediência aos mandamentos, e amor.

Deus só nos responde imediatamente se utilizarmos as medidas adequadas ao nível da nossa fé. Temos de entender que o tempo da paciência com Deus é o tempo para receber uma resposta mais perfeita, que fará que nos regozijemos e demos graças ainda mais.

O segundo tipo de paciência é a paciência entre as pessoas. A paciência de amor espiritual pertence à paciência desse tipo. Para amar qualquer pessoa em qualquer tipo de relacionamento humano, precisamos de paciência.

Precisamos de paciência para acreditar em qualquer tipo de pessoa, apoiá-las, e acreditar que elas serão prósperas. Mesmo que elas façam algo contrário ao que esperávamos, temos de ser pacientes em todas as coisas. Precisamos entender, aceitar, perdoar, ceder, e ser pacientes.

Aqueles que tentam evangelizar muitas pessoas tem mais chances de ter experiências como serem xingados ou perseguidos. Contudo, se eles tem paciência em seu coração, eles visitam aquelas almas de novo com sorrisos no rosto. Com amor, as salvam, se regozijam e dão graças, sem nunca desistirem. Quando demonstram esse tipo de paciência com bondade e amor por quem está sendo evangelizado, as trevas vão embora com a entrada da luz, e a pessoa pode abrir seu coração, aceitar o evangelho e receber a salvação.

Em terceiro, há a paciência que transforma o coração.

Mudar nosso coração é arrancar maldades e inverdades e plantar verdade e bondade. É como limpar um campo. Temos de remover as pedras e arrancar as ervas daninhas, e às vezes, também arar o solo. Assim, ele pode se tornar um bom campo e tudo o que semearmos crescerá e dará frutos.

É o mesmo com o coração do homem. À medida que identificamos a maldade em nosso coração e nos livramos dela, bons campos vão surgindo. Então, quando a palavra de Deus é semeada, ela pode germinar, crescer bem, e produzir frutos. E assim como suamos e damos duro para limpar a terra, temos de também nos esforçar para mudar o nosso coração. Temos de clamar em intensa oração com todas as nossas forças e coração. Assim, podemos receber o poder do Espírito Santo para arar o coração carnal, que é terra estéril. Esse processo não é fácil algumas pessoas imaginam. É por isso que sempre há quem se sinta sobrecarregado, triste, ou desesperado. Portanto, precisamos de paciência. Ainda que pareça que a nossa mudança esteja sendo muito devagar, jamais devemos nos desapontar ou desistir.

Devemos lembrar do amor do Senhor, que morreu na cruz por nós, receber nova força, e continuar cultivando o campo do nosso coração. Devemos olhar para o amor e as bênçãos de Deus e saber que Ele nos dará tudo quando tivermos cultivado completamente o nosso coração. E tudo isso sempre dando mais e mais graças.

Se não tivéssemos maldade em nós, o termo 'paciência' não precisaria existir. Seguindo essa linha de raciocínio, se tivéssemos só amor, perdão, e compreensão, não haveria espaço para a 'paciência'. Portanto, Deus quer que tenhamos o tipo de paciência no qual a palavra "paciência" não seja necessária. Na verdade, Deus, que é a bondade e o amor em Si, não precisa de ser paciente. Contudo, Ele nos diz que Ele é "paciente" conosco para nos ajudar a entender o conceito de "paciência". Precisamos entender que quanto mais necessidade sentirmos de sermos pacientes sob certas circunstâncias, mais maldade há em nós aos olhos de Deus e mais precisamos ser transformados.

Se não tivermos razão para sermos pacientes depois de alcançar o fruto da paciência, seremos sempre felizes, ouviremos somente as coisas boas, e sentiremos tanta leveza em nosso coração que parecerá que estamos sobre nuvens.

Topázio: Bondade Espiritual

O topázio, o nono fundamento dos muros da Nova Jerusalém, é uma pedra de cor transparente, com mescla de cores avermelhadas e laranjadas. O coração espiritual simbolizado pelo topázio é a bondade espiritual. Em geral, bondade é a qualidade de ser gentil, prestativo, e honesto. Entretanto, o significado espiritual de bondade é mais profundo.

Entre os nove frutos do Espírito está a bondade; e o significado dela é o mesmo do topázio, que é procurar a bondade com o Espírito Santo.

Cada indivíduo tem um padrão para julgar o certo e o errado, ou o bem e o mal. Isso é chamado de "consciência". O conceito de consciência varia de acordo com os tempos, países e povos.

O padrão para medir o tamanho da bondade espiritual é só um: a Palavra de Deus, a Verdade. Portanto, procurar a bondade a partir da nossa perspective não é bondade espiritual. Buscar a bondade aos olhos de Deus é bondade espiritual.

Mateus 12:35 diz, *"O homem bom do seu bom tesouro tira coisas boas."* Semelhantemente, aqueles que tem bondade espiritual agem com bondade naturalmente. Independente do lugar ou das pessoas com quem estão, boas palavras e obras sempre lhes acompanham.

Assim como quem se perfuma pode sentir um aroma agradável, o aroma da bondade é exalado por aqueles que a tem. Em outras palavras, essas pessoas exalam o aroma da bondade de Cristo. Logo, simplesmente querer ter bondade no coração não pode ser considerado bondade. Temos de ter o coração que busca a bondade, e assim naturalmente exalaremos o aroma de Cristo com boas palavras e obras. Dessa forma, devemos demonstrar virtude moral e amor às pessoas ao nosso redor. Isso é bondade em seu verdadeiro sentido espiritual.

O padrão para medir bondade espiritual

Deus é bom, e a bondade é encontrada em toda a Bíblia, a Palavra de Deus. Em especial, existem versículos com cores mais parecidas às do topázio, isto é, as cores da bondade espiritual.

Em primeiro lugar, achamos em Filipenses 2:1-4, *"Se por estarmos em Cristo nós temos alguma motivação, alguma exortação de amor, alguma comunhão no Espírito, alguma profunda afeição e compaixão, completem a minha alegria, tendo o mesmo modo de pensar, o mesmo amor, um só espírito e uma só attitude. Nada façam por ambição egoísta ou por vaidade, mas humildemente considerem os outros superiores a si mesmos. Cada um cuide, não somente dos seus interesses, mas também dos interesses dos outros."* Ainda que algo não esteja certo segundo nosso modo de pensar, se procurarmos a bondade no Senhor, combinaremos com os outros e concordaremos com suas opiniões. Não discutiremos em nada. Não teremos o desejo de nos ostentarmos ou ser melhores do que os outros. Com corações humildes, consideraremos os outros melhores do que nós do fundo dos nossos corações. Faremos nosso trabalho fielmente e com total responsabilidade e seremos até capazes de ajudar os outros em seu trabalho também.

Podemos ver facilmente o tipo de pessoa que tem bondade em seu coração com a parábola do bom samaritano encontrada em Lucas 10:25-37:

Certa ocasião, um perito na lei levantou-se para pôr Jesus à prova e lhe perguntou: "Mestre, o que preciso fazer para herdar a vida eterna?" "O que está escrito na Lei?", respondeu Jesus. "Como você a lê?" Ele respondeu: "Ame o Senhor, o seu Deus, de todo o seu coração, de toda a sua alma, de todas as suas forças e de todo o seu entendimento" e "Ame o seu próximo como a si mesmo". Disse Jesus: "Você respondeu corretamente. Faça isso e viverá". Mas ele, querendo justificar-se, perguntou a Jesus: "E quem é o meu próximo?" Em resposta, disse Jesus: "Um homem descia de Jerusalém para Jericó, quando caiu nas mãos de assaltantes. Estes lhe tiraram as roupas, espancaram-no e se foram, deixando-o quase morto. Aconteceu estar descendo pela mesma estrada um sacerdote. Quando viu o homem, passou pelo outro lado. E assim também um levita; quando chegou ao lugar e o viu, passou pelo outro lado. Mas um samaritano, estando de viagem, chegou onde se encontrava o homem e, quando o viu, teve piedade dele. Aproximou-se, enfaixou-lhe as feridas, derramando nelas vinho e óleo. Depois colocou-o sobre o seu próprio animal, levou-o para uma hospedaria e cuidou dele. No dia seguinte, deu dois denários ao hospedeiro e lhe disse: "Cuide dele. Quando eu voltar lhe pagarei todas as despesas que você tiver". "Qual destes três você acha que foi o próximo do homem que caiu nas mãos dos assaltantes?" "Aquele que teve misericórdia dele", respondeu o perito na lei. Jesus lhe disse: "Vá e faça o mesmo".

Dentre o sacerdote, o levita e o samaritano, quem afinal é o verdadeiro próximo e uma pessoa de amor? O samaritano conseguiu ser o verdadeiro próximo do homem que havia sido roubado porque tinha bondade em seu coração para escolher a melhor coisa a se fazer, mesmo sendo considerado um gentio.

É muito provável que o samaritano não conhecesse a Palavra de Deus muito bem como conhecimento. Contudo, podemos ver que ele tinha um coração que seguia a bondade, o que significa que ele tinha bondade espiritual, seguindo a bondade aos olhos de Deus. Ainda que tenhamos de gastar nosso próprio tempo e dinheiro, temos de sempre escolher a bondade aos olhos de Deus. Isso é bondade espiritual.

Jesus tinha a bondade espiritual

Outro versículo bíblico que revela a luz da bondade de forma mais forte é Mateus 12:19-20, que diz:

Não discutirá nem gritará; ninguém ouvirá sua voz nas ruas. Não quebrará o caniço rachado, não apagará o pavio fumegante, até que leve à vitória a justiça.

A frase "até que leve à vitória a justiça" enfatiza que Jesus agia apenas com um bom coração, inclusive em todo o processo de crucificação e ressurreição, dando-nos a vitória com a Sua graça da salvação.

Uma vez que Jesus tinha a bondade espiritual, Ele nunca ofendeu ou discutiu com ninguém. Ele aceitava tudo com a sabedoria da bondade espiritual e palavras de verdade, mesmo quando se viu em situações duras ou aparentemente inaceitáveis. Jesus nem confrontou aqueles que tentaram matá-lo e nem tentou se explicar e provar sua inocência. Ele deixou tudo para Deus e fez tudo com Sua sabedoria e verdade, em bondade espiritual.

Bondade espiritual é o coração que "não quebra o caniço rachado nem apaga o pavio fumegante". Essa definição abriga os pontos de referência representando a bondade.

Aqueles que tem bondade não gritam ou discutem com ninguém; e demonstram sua bondade também em sua aparência. Como registrado, "ninguém ouvirá sua voz nas ruas", aqueles que tem bondade também tem humildade e bondade por fora. Como o jeito de Jesus deve ter sido perfeito e inocente em Sua maneira de andar, gestos, e linguagem! Provérbios 22:11 diz, *"Quem ama a sinceridade de coração e se expressa com elegância será amigo do rei."*

Primeiro, "caniço rachado" representa aqueles que sofreram muitas coisas no mundo e estão machucados por dentro. Mesmo quando buscam a Deus com um coração pobre, Ele não os abandona, mas os aceita. Esse coração de Deus e esse coração de Jesus é a altura da bondade.

Depois, é o mesmo raciocínio com o coração que não apaga o pavio fumegante. Se o pavio está fumegando, o fogo está fraco, mas ainda há resquícios de fogo. Assim, 'pavio fumegante' é a pessoa que está tão manchada com maldade que a luz de seu espírito está 'fumegando'. Mesmo esse tipo de pessoa, se ela tem a mínima chance de receber a salvação, não devemos desistir dela. Isso é bondade.

O nosso Senhor não desiste daqueles que são ímpios e vivem em pecados. Ele ainda bate na porta de seus corações a fim de que eles possam ter a chance de receber a salvação. Esse coração do nosso Senhor é bondade.

Existem pessoas que são como caniços rachados e pavios fumegantes. Algumas delas, quando caem em tentações por causa da sua fé fraca, não tem a força para voltarem para a igreja por conta própria. Talvez devido a algumas coisas carnais que elas ainda não se livraram, podem ter prejudicado outros membros e, por se sentirem embaraçadas, evitam voltar à igreja. Assim, nós temos de ir até elas primeiro. Temos de estender nossas mãos e segurar as mãos delas. Isso é bondade. Além disso, há também pessoas que já foram primeiras na fé, e depois ficaram para trás em espírito. Algumas destas também são como 'pavios fumegantes'.

Algumas querem ser amadas e reconhecidas pelos outros, mas isso não ocorre, elas ficam tristes e a maldade que há nelas é revelada. Podem ter ciúmes de outras pessoas que estão ficando na frente delas em termos de crescimento espiritual podendo até caluniá-las. Isso é como o pavio fumegante gerando fumaça.

Se a bondade que tivermos for verdadeira, também conseguiremos entender as pessoas citadas acima e aceitá-las. Temos de tratá-las bem com verdade e amor, mesmo aquelas que demonstram alguma maldade. Precisamos derreter e tocar em seus corações. Quando agimos assim, estamos agindo em bondade.

Crisópraso: Domínio Próprio

O crisópraso, décimo fundamento dos muros da Nova Jerusalém, é a mais cara entre as calcedônias. Possui cor verde escura semitransparente e é uma das pedras preciosas que as mulheres coreanas costumavam considerar de maior valor antigamente. Para elas, a pedra simbolizava a castidade e a pureza feminina.

O que o crisópraso simboliza espiritualmente? Domínio

89

próprio. É bom receber abundância de todas as coisas em Deus, mas para que tudo se torne belo deve haver domínio próprio, que é, a propósito, um dos nove frutos do Espírito.

Domínio próprio para alcançar a perfeição

Tito 1:7-9 fala sobre as condições da igreja missionária, e uma delas é o domínio próprio. Se alguém sem domínio próprio, torna-se um missionário, o que poderá realizar com uma vida descontrolada?

No que quer que façamos para o Senhor, devemos sempre separar a verdade da inverdade e seguir a vontade do Espírito Santo com domínio próprio. Quando somos capazes de ouvir a voz do Espírito, somos prósperos em todas as coisas, uma vez que o autocontrole é conseqüente. Sem ele, entretanto, as coisas podem dar errado e podemos nos deparar com acidentes – tanto naturais como desastres causados pelo homem – doenças e coisas do tipo.

O fruto do domínio próprio é muito importante e é fundamental para se alcançar a perfeição. À medida que colhemos o fruto do amor, podemos também colher o fruto da alegria, paz, paciência, gentileza, bondade, fidelidade, longanimidade, sendo todos completos com o autocontrole ou domínio próprio.

O domínio próprio pode ser comparado ao ânus do nosso corpo. Apesar de ser pequeno, possui um papel muito importante em nosso organismo. O que aconteceria se ele perdesse a força para contrair? Os excrementos não seriam controlados e todos seríamos sujos e indecentes. Semelhantemente, se perdemos o autocontrole, tudo pode se tornar uma bagunça só. As pessoas vivem na inverdade, porque não podem se controlar espiritualmente. Por isso enfrentam provações e não podem ser amadas por Deus. Se não podemos nos controlar fisicamente, estaremos praticando injustiça e coisas contra a lei porque comeremos e beberemos o tanto que quisermos, fazendo nossas vidas totalmente desgovernadas e desordenadas.

João Batista

Um bom exemplo bíblico de domínio próprio é João Batista. João Batista sabia claramente porque havia vindo a essa terra. Ele sabia que tinha de preparar o caminho para Jesus, que é a verdadeira luz. Assim, até ele cumprir seu dever, ele viveu uma vida totalmente isolada neste mundo. Ele se armou com oração e a Palavra enquanto viveu no deserto, e só comeu gafanhotos e mel – uma vida realmente separada e estritamente controlada. Com esse tipo de vida, ele esteve pronto para preparar o caminho do Senhor e cumpriu seu dever completamente.

Em Mateus 11:11, Jesus disse sobre João, *"Eu afirmo a vocês que isto é verdade: de todos os homens que já nasceram, João Batista é o maior!"*

Se alguém pensa, 'Ó, então agora eu vou me isolar entre as montanhas e viver uma vida com domínio próprio!', isso prova que ela não o tem, interpreta a Palavra de Deus da sua própria

91

maneira, e ainda pensa demais.

É importante controlar o seu coração no Espírito Santo. Se ainda não alcançou o nível do espírito, precisa controlar seus desejos da carne e seguir os desejos do Espírito Santo. Além do mais, mesmo depois de você alcançar o nível do espírito, você precisa controlar a força de cada um dos corações espirituais para ter perfeita harmonia como um todo. Esse auto-controle é demonstrado com a luz do crisópraso.

Jacinto: Pureza e Santidade

O jacinto, o décimo primeiro fundamento dos muros da Nova Jerusalém, é uma pedra preciosa de cor azulada transparente, que significa pureza e santidade espiritualmente.

A "pureza" aqui se refere ao estado de não ter nenhum pecado e ser limpo sem nenhuma mancha ou culpa. Se uma pessoa toma banho algumas vezes ao dia, penteia o cabelo, e veste de forma arrumada, os outros dirão que ela é limpa e arrumada. Mas será que Deus diria que essa pessoa é limpa também? Quem, então, é o homem com coração puro e como podemos alcançar esse coração?

Pureza aos olhos de Deus

Os escribas e fariseus lavavam suas mãos antes de comer, seguindo as tradições dos antigos. Quando os discípulos de Jesus não o fizeram, eles fizeram uma pergunta a Jesus para acusá-Lo. Mateus 15:2 diz, *"Por que os seus discípulos transgridem a tradição dos líderes religiosos? Pois não lavam as mãos antes de comer!"* Então Jesus os ensinou o que pureza é de fato. Em Mateus 15:19-20 Ele disse, *"Pois do coração saem os maus pensamentos, os homicídios, os adultérios, as imoralidades sexuais, os roubos, os falsos testemunhos e as calúnias. Essas coisas tornam o homem 'impuro'; mas o comer sem lavar as mãos não o torna 'impuro'."* Pureza aos olhos de Deus é não ter pecado no coração. Pureza é quando temos um coração que é limpo e sem culpa ou mancha. Podemos lavar nossas mãos e corpo com água, mas como podemos purificar o nosso coração?

Também podemos lavá-lo com água. Podemos purificá-lo lavando-o com a água espiritual que é a Palavra de Deus. Hebreus 10:22 diz, *"Sendo assim, aproximemo-nos de Deus com um coração sincero e com plena convicção de fé, tendo os corações aspergidos para nos purificar de uma consciência culpada, e tendo os nossos corpos lavados com água pura."* Podemos ter corações limpos e verdadeiros à medida que agimos de acordo com a Palavra de Deus.

Quando obedecemos ao que a Bíblia nos diz para não fazermos, ou nos livramos de algo que ela fala para nos livrarmos, a inverdade e a maldade são lavadas do nosso coração. E quando guardamos ou fazemos o que ela fala para guardarmos e fazermos, evitamos ser manchados com pecados e com a maldade do mundo, sendo constantemente supridos com água limpa. É por isso que podemos conservar nosso coração limpo.

Mateus 5:8 diz, *"Bem-aventurados os puros de coração, pois verão a Deus."* Deus nos disse que bênção o coração puro receberia: a de ver a Ele. Os puros de coração verão a Deus face a face no reino do céu. Poderão ir no mínimo para o terceiro reino (ou nível) ou até entrar na Nova Jerusalém.

Mas o real significado de 'ver a Deus' não é só ver a Ele. Significa que sempre encontraremos Deus e receberemos a Sua ajuda. Significa que estamos vivendo uma vida na qual caminhamos com Deus, mesmo nesta terra.

Enoque alcançou um coração puro

O quinto capítulo de Gênesis retrata Enoque como quem cultivou um coração puro e andou com Deus nessa terra. Gênesis 5:21-24 diz que Enoque andou com Deus por 300 anos, desde quando ele se tornou pai de Matusalém, aos 65. Depois, como registrado no versículo 24, *"Enoque andou com Deus; e já não foi encontrado, pois Deus o havia arrebatado,"* ele foi arrebatado.

Hebreus 11:5 nos fala a razão pela qual ele pôde ser arrebatado sem conhecer a morte: *"Pela fé Enoque foi arrebatado, de modo que não experimentou a morte; "e já não foi encontrado, porque Deus o havia arrebatado", pois antes de ser arrebatado recebeu testemunho de que tinha agradado a Deus."*

Enoque agradou a Deus cultivando um coração puro, sem pecado, a ponto de não precisar conhecer a morte. Ele foi arrebatado vivo aos 365 anos de idade naquela época, em que, por sinal, as pessoas viviam por mais de 900 anos. Trazendo para os dias de hoje, Deus arrebatou Enoque quando ele estava no período de mais vigor de sua juventude. Isso porque Enoque era adorável aos olhos de Deus. Em vez de mantê-lo na terra, Ele quis colocá-lo perto Dele no reino do céu. Podemos ver claramente o quanto Deus ama e se alegra com aqueles que tem um coração puro.

Contudo, nem Enoque se santificou da noite para o dia. Ele também passou por vários tipos de provações até os 65 anos de idade. Em Gênesis 5:19, podemos ver que Jarede, seu pai, ainda viveu 800 anos depois que o gerou, e teve outros filhos e filhas. Isso nos faz entender que Enoque, portanto, teve muitos irmãos e irmãs.

Deus me mostrou em meus períodos de intensas orações que Enoque não tinha nenhum tipo de problema com seus irmãos. Ele nunca quis ter mais coisas do que eles e sempre cedia. Nunca quis ser reconhecido mais do que eles, e sempre fez o seu melhor. Mesmo quando alguns eram mais amados do que ele, ele não se sentia mal, o que mostra que ele não tinha ciúme nenhum.

Enoque também era uma pessoa obediente. Ele nunca insistia em sua própria opinião. Ouvia a Palavra de Deus, mas também à palavra de seus pais. Nunca tinha desejos centrados nele mesmo, e não levava nada para o lado pessoal. Ele tinha paz com todos.

Enoque cultivou um coração puro com o qual podia ver a Deus. Aos 65 anos de idade, ele atingiu o nível de agradá-Lo e poder andar com Ele.

Mas eis aqui a razão mais importante pela qual ele pôde andar com Deus: ele amava a Deus e gostava muito de se comunicar com Ele. Obviamente, ele não pôs os olhos nas coisas deste mundo; mas amou a Deus mais do qualquer outra coisa nessa terra.

Enoque amou seus pais e os obedeceu; e havia paz e amor entre ele e todos os seus irmãos. Entretanto, era Deus a quem ele sempre mais amou. Ele gostava mais de ficar sozinho louvando a Deus do que ficar com seus familiares. Ele sentia falta de Deus ao olhar para o céu e a natureza, e se deleitava na comunhão que tinha com Ele.

E era assim antes mesmo de Deus começar a andar com Ele; e a partir do momento que Ele começou, Enoque O quis mais ainda. Como lemos em Provérbios 8:17, *"Amo os que me amam, e quem me procura me encontra,"* Enoque amava a Deus e sentia falta Dele, e Ele andou com Enoque.

Quanto mais amamos a Deus, mais puro se torna o nosso coração; e quanto mais puro o nosso coração, mais amor teremos por Deus e mais O buscaremos. É muito bom conversar e interagir com aqueles que são puros de coração. Eles simplesmente aceitam tudo de forma pura e acreditam nos outros.

Quem se sentiria mal ou ficaria com cara feia diante do sorriso de um bebê? A maioria das pessoas se sentem bem e também sorriem, pois a pureza dos bebês passa para as pessoas e traz alento aos seus corações. O Pai se sente da mesma forma quando Ele vê uma pessoa com um coração puro. Assim, Ele quer ver esse tipo de pessoa com mais freqüência e que ficar com ela.

Ametista: Beleza e Mansidão

A ametista, o décimo segundo fundamento dos muros da Nova Jerusalém, é de cor transparente que varia do violeta ao roxo. Sua cor é tão elegante e linda que ela tem sido amada pelos nobres desde a antiguidade.

Deus considera belo o coração espiritual simbolizado pela ametista – ele simboliza a mansidão. Essa mansidão é encontrada no capítulo do amor espiritual, nas bem-aventuranças, e nos nove frutos do Espírito. Ela é um fruto que é certamente produzido na pessoa cujo espírito nasceu através do Espírito Santo e vive de acordo com a palavra de Deus.

O coração manso considerado belo por Deus

O dicionário define mansidão como atributos de gentileza, serenidade e tranqüilidade; [e] sendo capaz de transmitir calma. Entretanto, a mansidão que Deus considera bela não é só essas coisas.

Aqueles que tem características mansas na carne se sentem de alguma forma incomodados com aqueles que não são mansos. Quando vêem alguém que é muito extrovertido ou de personalidade forte, tornam-se cautelosos e chegam até a achar difícil interagir com tais pessoas. Por outro lado, a pessoa que é espiritualmente mansa consegue aceitar qualquer tipo de pessoa; e essa é uma das diferenças entre a mansidão carnal e a mansidão espiritual.

Então, o que é a mansidão espiritual, e por que Deus a considera bela?

Ser espiritualmente manso é ter uma personalidade serena e acolhedora com um coração aberto para aceitar qualquer um. É a pessoa que tem o coração macio e agradável como o algodão de forma que muitos possam achar descanso nela. É a pessoa que consegue entender tudo com bondade e compreender e aceitar todas as coisas com amor.

E há uma coisa que não pode faltar na mansidão espiritual. É ter um coração aberto de forma virtuosa. Se tivermos um coração bem aconchegante e macio só com nós mesmos, isso não significará nada. De tempos em tempos, quando é necessário, devemos encorajar e aconselhar os outros, demonstrando obras de bondade e amor. Ter virtude em nosso coração aberto é fortalecer os outros, fazê-los sentir acolhidos, e deixar com que encontrem descanso em nosso coração.

A pessoa espiritualmente mansa

Aqueles que tem a verdadeira e espiritual mansidão não tem preconceitos contra ninguém. Não tem problemas com os outros e nem tem questões mal-resolvidas para com seu próximo. Quem está junto a eles sente esse coração acolhedor e, assim, podem descansar e achar paz interior ao seu redor. Essa mansidão espiritual é como uma grande árvore que dá sombra fresca em dias quentes de verão.

Se o marido aceita e abraça toda a sua família com um coração aberto, a esposa o ama e respeita. Se a esposa também tem um coração que é macio como o algodão, ela pode oferecer conforto e paz ao seu esposo, e assim eles podem ser um casal feliz. Os filhos desse casal não se perderão quando diante de dificuldades, pois poderão ser fortalecidos na paz de sua família – poderão superar as dificuldades e crescer com retidão e saúde.

Semelhantemente, através daqueles que cultivam mansidão espiritual as pessoas que os rodeiam também podem achar descanso e se sentir felizes. O Pai dirá a esses mansos como são belos!

Nesse mundo, as pessoas implementam várias formas de ganhar o coração dos outros. Podem fazê-lo dando-lhes coisas materiais, ou usar sua fama ou autoridade. No entanto, com essas formas carnais não conseguimos de fato ganhar o coração de alguém. A pessoa pode até nos ajudar por um momento por causa de suas necessidades, mas como ela não sujeita seu coração, ela muda a forma de pensar quando a situação não é mais a mesma.

Entretanto, as pessoas se juntam naturalmente ao redor daqueles que tem mansidão espiritual. Elas sujeitam o seu coração e desejam permanecer ali. Isso ocorre porque através da pessoa que tem mansidão espiritual, aqueles ao seu redor podem ser fortalecidos e sentir um conforto que o mundo não pode dar. Assim, muitos ficam com o espiritualmente manso, e isso se torna autoridade espiritual

Mateus 5:5 fala sobre essa benção de ganhar muitas almas dizendo que tais pessoas herdarão a terra. Isso quer dizer que elas ganharão o coração dos homens, que são feitos do pó da terra. Como resultado, também receberão um grande pedaço de terra no reino celestial; e porque acolheram e guiaram tantas almas à verdade, receberão grandes recompensas.

É por isso que Deus disse a seguinte coisa sobre Moisés em Números 12:3, *"Ora, Moisés era um homem muito paciente [humilde na tradução em inglês] mais do que qualquer outro que havia na terra."* Moisés liderou o Êxodo. Ele liderou mais de 2 milhões de pessoas e as guiou por mais de 40 anos no deserto. Assim como pais criam seus filhos, ele as acolheu em seu coração e as conduziu de acordo com a vontade de Deus.

Mesmo quando seus filhos cometem graves pecados, os pais não os abandonam simplesmente. Da mesma forma, Moisés acolheu mesmo aqueles que segundo a Lei estavam abandonados e os guiou até o fim, pedindo a Deus para perdoá-los.

Quando você tiver um dever na igreja, por menor que ele seja, você entenderá como essa mansidão é boa. Não só com deveres de cuidar de almas, mas em qualquer dever, se você o faz com mansidão, não tem problemas. Não há ninguém com o mesmo coração e pensamentos nessa terra. Cada um de nós cresceu de forma diferente, em circunstâncias diferentes, e temos personalidades diferentes. Muitas vezes, podemos não concordar uns com os outros em nossas opiniões e pensamentos. Mas aquele que é manso consegue aceitar os outros com o coração aberto. A mansidão de se esvaziar e aceitar o outro se destaca de uma linda forma em situações onde há alguém insistindo que está certo.

Aprendemos tudo sobre os corações espirituais simbolizados por cada uma das pedras dos doze fundamentos dos muros da cidade de Nova Jerusalém. São elas os corações da fé, da retidão, do sacrifício, da justiça, da fidelidade, da paixão, da compaixão, da paciência, da bondade, do domínio próprio, da pureza, e da mansidão. Quando conseguirmos consolidar todas essas características, teremos o coração de Jesus Cristo e do Pai. Em poucas palavras, teremos o 'perfeito amor'.

Aqueles que cultivam esse perfeito amor com uma combinação balanceada da característica de cada uma das doze pedras pode entrar na cidade de Nova Jerusalém sem hesitar. Suas casas serão adornadas com todas aquelas pedras.

Sendo assim, Nova Jerusalém é indescritivelmente linda por dentro. Suas casas, construções e instalações são de incrível beleza.

Mas o que Deus mais considera belo são as pessoas que entram na cidade. Elas terão luzes mais brilhantes do que as das doze pedras e exalarão um marcante aroma de amor ao Pai, do fundo de seus corações. Deus verá tudo aquilo e Se sentirá confortado por tudo que terá feito.

Capítulo 6

Os Doze Portões de Pérola
e a Rua de Ouro

Os doze portões eram doze pérolas,
cada um feito de uma única pérola.
A rua principal da cidade era de ouro puro,
como vidro transparente.

- Apocalipse 21:21

A Cidade de Nova Jerusalém tem doze portões, três no norte, três no sul, três no leste e três no oeste. Um enorme anjo guarda cada portão e a vista de tudo expressa a magnificência e autoridade da Cidade de Nova Jerusalém em um rápido olhar. Cada portão é em forma de arco, feito de uma pérola gigante e são todos eles tão grandes que temos de olhar longe no alto para vê-los. Os portões se abrem automaticamente para os dois lados sem que ninguém precise abri-los e possuem um puxador de ouro e pedras preciosas.

Deus fez os doze portões com lindas pérolas e as ruas com puro ouro para Seus filhos amados. Quão mais belas e charmosas serão as estruturas da Cidade!

Antes de analisarmos as construções e lugares da Nova

Jerusalém, consideremos primeiro as razões por que Deus fez seus portões com pérolas e que tipo de ruas existem lá, além das ruas de ouro.

Os Doze Portões de Pérola

Apocalipse 21:21 diz: *"Os doze portões eram doze pérolas, cada portão feito de uma única pérola. A rua principal da cidade era de ouro puro, como vidro transparente."* Por que, então, existem doze portões feitos de pérolas, enquanto há tantas outras pedras preciosas na Nova Jerusalém que poderiam ter sido usadas para confeccioná-los? Alguns podem dizer que seria melhor ter decorado cada portão com variadas pedras, já que existem doze deles, mas Deus escolheu usar somente a pérola.

Isso ocorre porque a providência de Deus e o significado espiritual estão contidos nesse *"design"*. Diferentemente de outras pedras, metais ou outras coisas valiosas, as pérolas englobam um valor diferenciado de certa forma e por isso são consideradas mais preciosas por serem produzidas após um processo doloroso.

Por que os doze portões são feitos de pérolas?

Como a pérola é produzida? A pérola é uma das únicas duas jóias orgânicas do mar, sendo a outra o coral. Ela foi adorada em todo mundo por inúmeras pessoas por seu brilho sem necessidade de polimento.

A pérola é formada no interior de uma concha ou ostra. É o coágulo de uma liberação reluzente anormal da ostra, que consiste principalmente em carbonato de cálcio, em uma semiesfera ou esfera. Quando substâncias de fora entram no tecido macio da concha, esta sofre grande dor, como se uma agulha a estivesse furando e começa a lutar contra a substância estranha, suportando tremenda dor. Uma pérola é produzida quando a liberação do líquido de uma concha cobre a substância intrusa cada vez mais.

Há dois tipos de pérola: pérolas naturais e cultivadas. As pessoas descobriram o princípio da produção de pérolas. Os criadores de conchas inserem nelas substâncias artificiais e assim elas produzem suas pérolas. Estas se parecem muito com as naturais, mas são relativamente mais baratas por conterem camadas mais finas de pérola.

Assim como a concha produz uma linda pérola, suportando grande dor ao lutar contra substâncias intrusas, há também um processo de resistência para os filhos de Deus que lutam para recuperar Sua imagem perdida. Eles podem avançar com uma fé pura como o ouro com a qual podem entrar na Nova Jerusalém somente depois de terem suportado e resistido a provações e sofrimento, enquanto viveram nesta terra.

Se queremos obter a vitória na luta da fé e passar pelos portões da Nova Jerusalém, todos temos que fazer uma pérola em nosso coração. Assim como a ostra suporta com dor e secreta o líquido que faz a pérola, os filhos de Deus também precisam suportar com dor até recuperarem a imagem de Dele completamente.

Com a entrada do pecado no mundo, as pessoas se mancharam cada vez mais, perdendo a imagem de Deus. No coração do homem foram plantadas a maldade e a inverdade, o que sujaram-no e fizeram-no mal cheiroso. O Pai, entretanto, demonstrou Seu grande amor mesmo a essas pessoas que estavam vivendo com corações cheios de pecado.

Qualquer que crer em Jesus Cristo terá seus pecados lavados com o Seu sangue. No entanto, o tipo de filhos verdadeiros que o Pai quer são aqueles filhos que são totalmente crescidos e maduros. Ele quer aqueles que não se sujarão novamente depois de lavados. Espiritualmente, isso quer dizer que essas pessoas param de cometer pecados e passam a agradar a Deus com perfeita fé.

E para ter esse tipo de fé perfeita, nós primeiro temos de ter corações verdadeiros; o que só ocorre quando removemos todos os pecados e maldade deles e os enchemos de bondade e amor. Quando mais bondade e amor tivermos, mais recuperamos a imagem de Deus.

Deus permite que provações de fogo venham aos Seus filhos para que eles possam cultivar bondade e amor, fazendo com que eles descubram os pecados e maldade em seus corações em diversas situações. Quando descobrimos nossos pecados e maldade, sentimos uma dor em nosso coração. É como se uma faca estivesse abrindo a ostra e penetrando em sua carne macia. Contudo, temos de reconhecer o fato de que sentimos dor quando passamos por provações por causa do pecado e da maldade dentro de nós.

Se de fato reconhecermos esse fato, poderemos fazer uma

pérola espiritual em nosso coração. Oraremos fervorosamente para nos livrarmos dos pecados e da maldade que descobrimos, a graça e a força de Deus virão sobre nós, e ainda receberemos ajuda do Espírito Santo. Como resultado, os pecados e a maldade que tínhamos identificado serão removidos, e o nosso coração será um coração espiritual

Pérolas são extremamente preciosas quando o processo de sua produção é considerado. Assim como ostras precisam sofrer e suportar dor para produzirem pérolas, nós temos de suportar grande dor para entrar na Nova Jerusalém. Só podemos passar por seus portões quando obtemos a vitória na batalha da fé. Esses portões existem para simbolizar esse fato.

Hebreus 12:4 nos diz *"Na luta contra o pecado, vocês ainda não resistiram até o ponto de derramar o próprio sangue."* E a segunda metade de Apocalipse 2:10 nos encoraja, dizendo: *"Seja fiel até a morte, e eu lhe darei a coroa da vida."*

Como a Bíblia nos diz, podemos entrar na Nova Jerusalém, o lugar mais belo do céu, somente quando resistirmos o pecado, nos livrarmos de todo tipo de maldade, sermos fiéis até a morte e cumprirmos nossos deveres.

Superando provações de fé

Se quisermos passar pelos doze portões da Nova Jerusalém, devemos ter uma fé pura como o ouro. Este tipo de fé não nos é apenas dado; mas só quando passamos e superamos provações de fé é que somos recompensados com tal fé – assim como uma ostra suporta grande dor para produzir uma pérola de

107

estimado valor. Ora, não é tão fácil prevalecer com fé diante das tribulações, porque ainda há o inimigo Satanás, que tenta impedir a todo o custo que adquiramos fé. Além do mais, até que estejamos firmes na rocha da fé, podemos sentir que o caminho para o céu é difícil e doloroso, pois temos de enfrentar batalhas intensas, tanto contra o inimigo como contra a inverdade em nossos corações.

Entretanto, conseguimos suportar as provações, porque Deus nos dá a Sua graça e força, e o Espírito Santo nos guia e ajuda. Se alcançarmos a rocha da fé depois de seguir esses passos, seremos capazes de superar todos os tipos de tribulações e regozijaremos ao invés de sofrermos.

Monges budistas se autoflagelam e se "escravizam" através de meditações feitas longe dos assuntos ou coisas mundanas. Alguns deles praticam o asceticismo por décadas e, quando morrem, algo como uma pérola é recuperado de seus restos. Isso é formado depois de anos de resistência e autocontrole, da mesma maneira como as pérolas são feitas pelas ostras.

Quão doloroso seria resistir momentos de dor e controlar a luxúria dos nossos corpos com nossas forças apenas e longe dos prazeres mundanos! Os filhos de Deus podem se afastar rapidamente dos prazeres mundanos com a graça e força de Deus presente nas obras do Espírito Santo. Podemos superar qualquer provação com a ajuda de Deus e podemos correr a corrida espiritual, porque o céu está preparado para nós.

Assim, os filhos de Deus que possuem fé não têm de resistir a provações em dor, mas o fazem com alegria e ações de graças, antecipando as bênçãos que estão para receber logo em breve.

Doze portões de pérola para os vitoriosos na fé

Os doze portões de pérola servem como arcos triunfais para os vitoriosos na fé, assim como os comandantes vitoriosos, retornando aos seus lares depois de batalhas bem-sucedidas, marcham através de um monumento, honrando suas realizações.

Antigamente, a fim de dar boas vindas e honrar os soldados e seus comandantes que retornavam às suas casas em triunfo depois de batalhas, as pessoas construíam vários monumentos e estruturas e nomeavam cada uma com o nome de algum homem heróico. O general triunfante era honrado e passava pelo arco ou portão do triunfo em uma carruagem enviada pelo rei, e era recebido por uma grande multidão.

Quando ele alcançava a parte de banquete no meio dos hinos de vitória, os ministros, que se sentavam com o rei e a rainha, também o recebiam. O comandante então descia da carruagem e se curvava diante de seu rei, o rei o levantava e o louvava por seu serviço distinto. Eles então comiam, bebiam e compartilhavam a alegria da vitória. O comandante podia ainda ser recompensado com autoridade, riquezas e honras.

Se a autoridade de um comandante e seu exército recebia e recebe tanta importância, quanto mais a autoridade daqueles que passam pelos doze portões da Nova Jerusalém! Estes serão amados e confortados por Deus Pai e habitarão ali para sempre, na glória que não pode ser comparada à do comandante ou soldados que passavam pelo arco do triunfo. Quando passarem pelos doze portões feitos de pérola, eles se lembrarão de sua jornada de fé na qual lutaram, fizeram seu melhor e derramarão lágrimas que surgirão do fundo de seus corações em gratidão a Deus.

A grandiosidade dos doze portões de pérola

No céu, as pessoas nunca se esquecem de nada – mesmo depois de muito tempo ali – pois o céu é uma parte do mundo espiritual. Na verdade, as pessoas estimam o fato de se lembrarem de seu passado.

É por isso que aqueles que entrarem na Nova Jerusalém se sentirão sobrecarregados sempre que olharem para os doze portões de pérola, pensando: 'Eu suportei muitas provações e finalmente cheguei à Nova Jerusalém!' Eles se regozijarão ao se lembrarem do fato de que lutaram e finalmente derrotaram o inimigo e o mundo e se livraram da inverdade que havia em seus corações. Eles darão graças a Deus Pai, lembrando do Deus amor que os direcionou de maneira que pudessem resistir ao mundo. Também darão graças àqueles que os ajudaram até que alcançassem aquele lugar.

Neste mundo, o grau de gratidão entre as pessoas algumas vezes desaparece completamente ou diminui com o passar do tempo; mas como não há falta de sinceridade no céu, a gratidão, alegria e o amor das pessoas crescem mais e mais com o passar do tempo. Logo, sempre que os habitantes da Nova Jerusalém olham para os portões de pérola, sentem-se gratos ao amor de Deus e àqueles que os ajudaram a chegar ali.

Sou profundamente grato às pessoas que pregaram o evangelho para mim ou àquelas que expressaram a graça de

Deus para comigo. Sou o que sou hoje por sua causa, então não posso e não apenas lhes agradeço uma vez e nem esqueço do que aconteceu, mas serei a cada dia mais grato pelo que me fizeram.

Ruas Feitas de Puro Ouro

À medida que as pessoas se lembram de suas vidas na terra, elas passam pelos majestosos portões em formato de arcos e finalmente entram na Nova Jerusalém. A Cidade é cheia da luz da glória de Deus, do distante e calmante som dos louvores dos anjos e suaves aromas de flores. À medida que dão cada passo para dentro da Cidade, sentem um êxtase e uma felicidade inexpressável.

Os muros adornados com doze pedras preciosas e os lindos portões de pérola já foram examinados. De que, então, são feitas as ruas da Nova Jerusalém? Como Apocalipse 21:21 nos diz: *"a rua principal da cidade era de ouro puro, como vidro transparente,"* Deus fez as ruas da Nova Jerusalém com puro ouro para seus filhos que entram nesta Cidade.

Jesus Cristo: O Caminho

Neste mundo, há muitos tipos de estradas, abrangendo desde os trilhos de trens a ruas estreitas e vias expressas. Dependendo do destino e da necessidade, as pessoas tomam diferentes caminhos. A fim de irmos para o céu, todavia, há somente um caminho: Jesus Cristo.

111

Eu sou o caminho, a verdade e a vida. Ninguém vem
ao Pai, a não ser por mim. (João 14:6).

Jesus, o único Filho de Deus, abriu o caminho da salvação
ao ser crucificado em nome de toda a humanidade, que estava
condenada à morte por causa de seus pecados, mas ressuscitou no
terceiro dia. Quando cremos em Jesus Cristo, somos qualificados
para receber a vida eterna. Dessa maneira, Jesus Cristo é o único
caminho para o céu, a salvação e a vida eterna. O caminho para a
vida eterna é aceitar a Jesus Cristo e refletir a Sua natureza.

Ruas de Ouro

Em cada lado do Rio da Água da Vida existem ruas que
permitem a qualquer um encontrar facilmente o trono de Deus
no céu sem limites. O rio da Água da Vida nasce no trono de
Deus e do Cordeiro, flui através da Cidade de Nova Jerusalém e
todas as casas celestiais e volta ao trono de Deus.

Então o anjo me mostrou o rio da água da vida que,
claro como cristal, fluía do trono de Deus e do Cordeiro,
no meio da rua principal da cidade. De cada lado do
rio estava a árvore da vida, que frutifica doze vezes por
ano, uma por mês. As folhas da árvore servem para a
cura das nações. (Apoc 22:1-2).

Espiritualmente, "água" simboliza a Palavra de Deus e como
ganhamos a vida através da Sua Palavra e seguimos o caminho da

vida eterna através de Jesus Cristo. A Água da Vida flui do trono de Deus e do Cordeiro.

Ora, uma vez que o Rio da Água da Vida cerca o céu, podemos alcançar a Nova Jerusalém facilmente, seguindo as ruas de ouro ao lado do rio.

O significado das ruas de ouro

As ruas de ouro não estão somente na Nova Jerusalém, mas em todos os lugares do céu. Contudo, assim como o brilho, os materiais e a beleza se diferem, dependendo do lugar em que se encontram no céu; o brilho das ruas de ouro também se difere, dependendo do lugar do céu onde ela está.

O ouro puro no céu, diferentemente do encontrado neste mundo, não é macio, mas rígido. Contudo, ao caminharmos nas ruas de ouro, sentimos um tipo de maciez. No céu não há poeira ou sujeira, e já que nada se desgasta, as ruas de ouro nunca sofrem dano. A cada lado das ruas vemos flores que, com sua beleza, cumprimentam os filhos de Deus que caminham por elas.

Qual é, então, o significado e a razão de as ruas terem sido feitas de ouro puro? É para que fôssemos lembrados que, quanto mais limpo for o nosso coração, melhor será o lugar onde residiremos no céu. Além do mais, uma vez que podemos entrar na Nova Jerusalém só quando avançamos em sua direção com fé e esperança, Deus fez as ruas com puro ouro, simbolizando a fé espiritual e a fervorosa esperança nascida dela.

Ruas de Flores

Assim como há diferença quando caminhamos em gramados aparados, pedras, ruas pavimentadas, etc, há diferença também entre caminhar nas ruas de ouro e nas ruas de flores. Existem também outras ruas, feitas de pedras preciosas, e há uma distinção no que se diz respeito à felicidade sentida, ao caminhar por elas. Notamos diferença em conforto entre os vários meios de transporte que possuímos na terra como o avião, o trem, o ônibus, etc. – e assim será também no céu. Caminhar pelas ruas é completamente diferente de ser transportado automaticamente pelo poder de Deus.

As ruas de flores celestiais não possuem as flores de cada lado, pois elas próprias já são feitas de flores, para que as pessoas possam caminhar sobre elas. A sensação de caminhar ali é a de realmente como pisar em algo muito macio, como que em tapete felpudo com os pés descalços. As flores estão sempre perfeitas por serem espirituais, leves e não são pisadas.

Além disso, as flores celestiais se regozijam e exalam seus aromas quando os filhos de Deus caminham sobre elas. Quando eles o fazem, seus corpos absorvem os aromas do lugar e seus corações se tornam alegres, refrescados e felizes.

Ruas de pedras preciosas

As ruas são feitas de pedras preciosas de muitos tipos de cores brilhantes e cheias de luz, beleza e, o mais interessante, brilham mais intensamente quando corpos espirituais caminham sobre elas. Até mesmo elas exalam aromas, e a felicidade e alegria sentidas ali estão além da nossa compreensão. É como caminhar sobre a água, sem afundar ou afogar, mas com êxtase a cada passo dado com um pouco de esforço. Contudo, podemos achar ruas de pedras preciosas somente em alguns lugares do céu. Em outras palavras, elas são oferecidas aos que refletem o coração do Senhor porque contribuíram grandiosamente com a providência de Deus na cultivação humana, dentro e nos arredores de seus lares celestiais. É como um castelo de um rei que é adornado por caríssimas jóias em suas passagens e corredores internos.

As pessoas não se cansam nem perdem a paciência com nada no céu, mas amam todas as coisas eternamente porque o céu é espiritual. Elas sentem mais alegria e felicidade porque cada objeto, por menor que seja, possui forte significado espiritual, e o amor e a admiração das pessoas de umas pelas outras só aumentam.

Como a Nova Jerusalém é linda e maravilhosa! É preparada por Deus para seus amados filhos. E as pessoas do Paraíso, do Primeiro, Segundo e Terceiro Reinos do Céu também se regozijam e se tornam gratas e, quando convidadas, passam através dos portões de pérola da Cidade.

Você consegue imaginar os filhos de Deus seriam gratos e cheios de alegria sobre o fato de chegarem o quanto mais à Nova Jerusalém, como resultado de terem fielmente seguido o Senhor, o verdadeiro caminho?

Três chaves para entrar na Cidade de Nova Jerusalém

Nova Jerusalém é uma cidade de formato cúbico com largura, cumprimento, e altura de 2,400 km. Os muros da cidade tem um total de doze portões e doze pedras de fundamento. Os muros, os portões, e os fundamentos tem significados espirituais e se os entendermos e realizarmos em nossos corações, poderemos ter as qualificações necessárias para entrar na cidade. Dessa forma, tais significados espirituais são as chaves para entrar na Nova Jerusalém.

A primeira chave está escondida nos muros da cidade. Como registrado em Apocalipse 21:18, *"A muralha era feita de jaspe e a cidade era de ouro puro, semelhante ao vidro puro"*, os muros são de jaspe, que espiritualmente simboliza a fé para agradar a Deus.

A fé é a coisa mais básica e essencial na vida cristã. Sem ela não podemos ser salvos nem agradar a Deus. Para entrar na Cidade de Nova Jerusalém, temos de ter a fé para agradar a Deus – o quinto nível da fé, que é o mais alto. Portanto, a primeira chave é o quinto nível da fé – a fé para agradar a Deus.

A segunda chave é encontrada nas pedras dos fundamentos. A consolidação dos corações espirituais representada pelas doze pedras dos fundamentos é o amor perfeito, e esse amor perfeito é a segunda chave para a Nova Jerusalém.

Os doze fundamentos são feitos de doze pedras diferentes. Cada uma delas simboliza um tipo específico de coração espiritual. São eles a fé, a retidão, o sacrifício, a justiça, a fidelidade, a paixão, a compaixão, a misericórdia, a paciência, a bondade, o domínio próprio, a pureza, e a mansidão. Quando consolidamos todas essas características, obtemos o coração de Jesus Cristo e do Pai, que é o próprio amor. Em resumo, a segunda chave para entrarmos na Nova Jerusalém é o perfeito amor.

A terceira chave escondida na Nova Jerusalém são os doze portões de pérola. Com a pérola, Deus quer que percebamos como podemos entrar naquela cidade. A pérola é produzida de forma bem diferente das outras pedras ou metais preciosos. Todo o ouro, prata e pedras preciosas que fazem os 12 fundamentos, tudo vem da terra. A pérola, entretanto, é produzida por um ser vivo.

A maioria das pérolas é produzida por ostras. A ostra suporta dor e secreta o líquido que faz a pérola. Da mesma forma, os filhos de Deus também devem suportar a dor até recuperarem a imagem de Deus completamente.

O Pai quer obter filhos não se sujarão novamente depois de lavados com o sangue de Jesus Cristo, mas O agradarão com perfeita fé. Ter esse tipo de fé requer que todos os pecados e maldade do nosso coração sejam removidos, e eles sejam cheios de bondade e amor.

É por isso que Deus permite que passemos por provações até termos um coração verdadeiro e perfeita fé. Ele faz com que descubramos os pecados e maldade em nossos corações em diversas situações, e quando o fazemos, sentimos uma dor em nosso coração. É como se uma faca estivesse abrindo a ostra e penetrando em sua carne macia. Assim como a ostra cobre o intruso camada por camada com um líquido, sempre acrescentando espessura, quando passamos por provações com fé, o líquido do nosso coração fica mais espesso. Com a ostra produz a pérola, nós que cremos também temos de fazer nossa pérola espiritual para entrar na Nova Jerusalém. Essa é a terceira chave.

Espero que você entenda os significados espirituais contidos nos muros, do portões e nos fundamentos da Nova Jerusalém, e tenha as três chaves para entrar nela, tendo as qualificações espirituais necessárias.

᠗Capítulo 7᠗

O Lindo Espetáculo

Não vi templo algum na cidade,
pois o Senhor Deus todo-poderoso e
o Cordeiro são o seu templo.
A cidade não precisa de sol nem de lua para brilharem
sobre ela, pois a glória de Deus a ilumina,
e o Cordeiro é a sua candeia.
As nações andarão em sua luz,
e os reis da terra lhe trarão a sua glória.
Suas portas jamais se fecharão de dia,
pois ali não haverá noite. A glória e
a honra das nações lhe serão trazidas.
Nela jamais entrará algo impuro,
nem ninguém que pratique o que é vergonhoso ou enganoso,
mas unicamente aqueles cujos nomes estão
escritos no livro da vida do Cordeiro.

- Apocalipse 21:22-27

O apóstolo João, a quem o Espírito Santo mostrou a Nova Jerusalém, registrou sua visão de forma detalhada, enquanto a observava de um lugar mais alto. João havia ansiado ver a Cidade e quando finalmente viu seu interior, que é maravilhoso, ficou estático, pasmado, estarrecido.

Se tivermos as qualificações para entrar na Nova Jerusalém, poderemos ver o portão de pérola em forma de arco se abrir; que, por sua vez, é grande demais para alcançarmos sua altura ao olharmos para cima.

Em tal momento, as inexpressáveis belas luzes vindas da Cidade de Nova Jerusalém virão e irão rodear nossos corpos. Sentiremos o grande amor de Deus e em um instante não conseguiremos controlar as lágrimas que rolarem.

Ao sentir o fluir abundante do amor de Deus Pai, que nos protegeu com Seus olhos de fogo, a graça do Senhor, que nos perdoou com Seu sangue na cruz e o amor do Espírito Santo habitando em nossos corações, o qual nos direcionou a viver na verdade; daremos infinita glória e honra a Deus.

Examinemos, pois, os detalhes da Cidade de Nova Jerusalém, com base nas palavras do apóstolo João.

Não é Necessária a Luz do Sol ou da Lua

O apóstolo João, olhando o cenário de dentro da Nova Jerusalém, que é cheia da glória de Deus, confessou o seguinte:

> *A cidade não precisa de sol nem de lua para brilharem sobre ela, pois a glória de Deus a ilumina, e o Cordeiro é a sua candeia. (Apocalipse 21:23).*

Uma vez que o próprio Deus permanece e governa sobre Nova Jerusalém, ela é cheia de Sua glória e nela encontra-se o topo do mundo espiritual no qual Deus se fez Trindade, a fim de realizar a cultivação humana.

A glória de Deus brilha sobre a Nova Jerusalém

A razão pela qual Deus colocou o sol e a lua a serviço desta terra era para que reconhecêssemos o bem e o mal e distinguíssemos o pensamento carnal do espiritual, através da luz e da escuridão e assim vivêssemos como verdadeiros filhos de Deus. Ele sabe de todas as coisas sobre carne e espírito, e o bem e o mal, mas os seres humanos não conseguem notar essas coisas sem a cultivação humana, pois são meras criaturas.

Quando o primeiro homem, Adão, estava no Jardim do Éden, antes do início da cultivação humana, ele jamais poderia vir a saber sobre a maldade, a morte, a escuridão, a pobreza ou a doença. É por isso que ele não podia compreender o verdadeiro significado da felicidade da vida ou ser grato a Deus, que lhe havia dado todas as coisas e uma vida abundante.

Para que esse Adão conhecesse a verdadeira felicidade, ele precisava derramar lágrimas, murmurar, sofrer de dores e doenças e experimentar a morte – e esse é o processo da cultivação humana. Para mais detalhes, por favor, leia *A Mensagem da Cruz*.

Eventualmente, Adão cometeu o pecado da desobediência, ao comer da árvore do conhecimento do bem e do mal, foi expulso desta terra e veio a experimentar a relatividade. Somente depois é que ele pôde perceber quão abundante, feliz e linda era a sua vida no Jardim do Éden, no qual havia morado, e então dar graças a Deus do fundo do seu coração.

Seus descendentes também vieram distinguir a luz da escuridão, o espírito da carne e o bem do mal através da cultivação humana, enquanto experimentavam muitos tipos de provações. Portanto, uma vez que recebemos a salvação e vamos para o céu, a luz do sol ou da lua que era necessária para a cultivação humana, não o será mais.

Uma vez que o próprio Deus fica na Cidade de Nova Jerusalém, ali não há escuridão. Ora, a luz da glória de Deus brilha mais intensamente em Nova Jerusalém, o que faz com que, naturalmente, a Cidade não precise de sol ou lua, ou qualquer lâmpada ou outra fonte de luz para brilhar ali.

O Cordeiro é a lâmpada de Nova Jerusalém

João não pôde encontrar nada que iluminasse a Cidade, como o sol, a luz, ou lâmpadas. Isso é porque Jesus Cristo, o Cordeiro, é a luz da Cidade de Nova Jerusalém.

João 1:3 diz: *"Todas as coisas foram feitas por intermédio dele; sem ele, nada do que existe teria sido feito."* Em João 15:5 lemos: *"Eu sou a videira; vocês são os ramos. Se alguém permanecer em mim e eu nele, esse dará muito fruto; pois sem mim vocês não podem fazer coisa alguma."* Devemos perceber que através de Jesus Cristo todas as coisas foram criadas, a cultivação humana começou nesta terra, e o caminho para a sua salvação foi aberto.

Desde que o primeiro homem, Adão, cometeu o pecado da desobediência, a raça humana teve de cair no caminho da morte (Romanos 6:23). O Deus de amor então enviou Jesus à terra para resolver esse problema do pecado. Jesus, o Filho de Deus, que veio em carne à terra, nos lavou dos nossos pecados, derramando o Seu sangue e se tornou o primeiro fruto da ressurreição, quebrando o poder da morte.

Como resultado, todos aqueles que aceitam Jesus como seu Salvador pessoal recebem vida e também desfrutarão da ressurreição, desfrutarão da vida eterna no céu e receberão respostas a tudo que pedirem na terra. Além disso, os filhos de Deus podem agora se tornar luz no mundo ao viverem na luz e darem glórias a Deus através de Jesus Cristo. Em outras palavras, da mesma maneira como uma lâmpada ilumina, a luz da glória de Deus brilha mais intensamente através do Salvador Jesus Cristo.

O Êxtase da Nova Jerusalém

Quando olhamos para dentro da Cidade de Nova Jerusalém de longe, podemos ver lindas construções feitas com muitos tipos de pedras preciosas e ouro em meio a nuvens e nuvens de glória. A Cidade inteira parece estar viva com a mistura de muitos tipos de luz: as luzes vindo das casas feitas de pedras preciosas, a luz da glória de Deus e as luzes vindas dos muros feitos de jaspe e ouro puro em cores claras e azuladas.

Como podemos expressar em palavras a emoção e a empolgação de entrar na Nova Jerusalém? A Cidade é tão bela e magnífica que vai além do que podemos imaginar. Em seu centro está o trono de Deus, a origem do Rio da Água da Vida. Ao redor do trono de Deus estão as casas de Elias, Enoque, Abraão, Moisés, Maria Madalena e a virgem Maria, todos muito, muito amados por Deus.

O castelo do Senhor

O castelo do Senhor está localizado à direita e para baixo do trono de Deus, onde Deus fica para receber louvores ou banquetes na Cidade de Nova Jerusalém. No castelo do Senhor há uma enorme construção com telhado de ouro no centro e, ao redor, existem muitos outros tipos de construções. Há também muitas cruzes de glória rodeadas por luzes brilhantes, sobre os telhados de ouro com formato de cúpulas. Elas nos lembram o fato de que recebemos a salvação e chegamos ao céu porque Jesus levou a cruz.

A grande construção no centro é uma estrutura em forma de cilindro, mas uma vez que é adornada com muitas pedras lapidadas, delicada e cuidadosamente, lindos raios de luz brilham de cada uma delas e se misturam fazendo as cores de um arco-íris. Se comparássemos o castelo do Senhor com qualquer construção feita por mãos humanas na terra, ele se pareceria remotamente com a *"St. Basil's Cathedral"* em Moscou, na Rússia. Entretanto, o estilo, os materiais e o tamanho, por exemplo, não chegam nem perto da construção mais magnificente já desenhada ou construída.

Além dessa construção que fica no centro, há muitas

outras construções no castelo do Senhor. O próprio Deus Pai as estabeleceu de modo que, aqueles que tivessem um relacionamento espiritual íntimo com Ele na terra pudessem estar juntos de Jesus no céu. Na frente estão as casas de Pedro, João, Tiago e as casas dos outros discípulos estão no lado de trás. O interessante é que existem lugares para Maria Madalena e a virgem Maria ficarem no castelo do Senhor. É claro que tais lugares são para que essas duas mulheres fiquem temporariamente, quando convidadas pelo Senhor – suas verdadeiras mansões espirituais estão perto do trono de Deus.

O castelo do Espírito Santo

À esquerda para baixo do trono de Deus está o castelo do Espírito Santo. Esse castelo gigante representa mansidão e maciez, características maternas do Espírito Santo, com muitas construções harmoniosas de vários tamanhos em forma de cúpulas.

O telhado da maior construção no centro do castelo é como um grande sárdio, que representa paixão. Ao seu redor flui o Rio da Água da Vida que origina do trono de Deus e o castelo do Senhor.

Todos os castelos na Nova Jerusalém são muito grandes e magníficos, mas os castelos do Senhor e do Espírito Santo são especialmente mais belos e magnificentes. Seu tamanho é mais parecido com o de uma cidade do que o de um castelo, e são construídos em um estilo muito especial. Isso porque, diferentemente das outras casas que são construídas por anjos, eles são construídos por Deus Pai. Como o castelo do Senhor, as casas daqueles que se uniram ao Espírito Santo e alcançaram o reino de Deus na era do Espírito, são construídas cuidadosamente ao redor do castelo do Espírito Santo.

Uma ponte de nuvem de glória e um lugar de encontros

Entre os castelos do Senhor e do Espírito Santo há uma ponte em forma de arco, feita de nuvens brilhantes e esplendorosas que conectam os dois castelos. Em seu meio há um lugar de encontros, onde o Senhor e o Espírito Santo podem se encontrar e conversar.

Nem mesmo os residentes da Nova Jerusalém são permitidos neste lugar, pois ele é reservado especificamente para o Senhor e o Espírito Santo. Algumas vezes, o Senhor vai primeiro e espera pelo Espírito e, outras vezes, o Espírito chega primeiro e espera pelo Senhor. Ali eles têm diálogos amigáveis como o de irmãos, sobre uma mesa de pedras preciosas sob um pára-sol colorido com as cores do arco-íris. Olhando para o Rio da Água da Vida, que flui sob a ponte de nuvens, eles compartilham seus corações, confissões e outros assuntos que não puderam discutir, enquanto ministravam sobre a terra. Além de conversar de forma tão íntima, eles também sentem e compartilham o amor do Pai.

O Grande Santuário

Há muitos lugares sendo construídos ao redor do castelo do Espírito Santo, e existe especialmente um grande e magnífico edifício. Ele possui um telhado redondo e doze pilares com doze grandes portões entre eles. Este é o Grande Santuário feito depois da Cidade de Nova Jerusalém.

Contudo, João, em Apocalipse 21:22 diz: *"Não vi templo algum na cidade, pois o Senhor Deus todo-poderoso e o Cordeiro são o seu templo."* Por que João não pôde ver o templo? As pessoas geralmente acham que Deus precisa de um lugar para ficar, por exemplo, em um templo – assim como precisamos de um lar. Portanto, nesta terra, adoramos a Ele em santuários onde a Palavra de Deus é pregada.

Como declarado em João 1:1, *"No princípio era aquele que é a Palavra. Ele estava com Deus, e era Deus."* Onde a Palavra está, ali está Deus; onde quer que a Palavra é pregada ali é um santuário. Entretanto, o Deus fica na Cidade de Nova Jerusalém. Deus, que é a Palavra em Si e o Senhor, que é um com Deus, habitam na Cidade de Nova Jerusalém, então nenhum outro templo é necessário. Portanto, através do apóstolo João, Deus nos faz saber que não há necessidade de templo e que Ele e o Senhor são o templo na Nova Jerusalém.

Então, resta-nos perguntar por que o Grande Santuário, que não existia nos tempos de João, está sendo construído hoje? Como vemos em Atos 17:2: *"O Deus que fez o mundo e tudo o que nele há é o Senhor dos céus e da terra, e não habita em santuários feitos por mãos humanas."* Deus não habita em um templo ou construção. Mais uma vez, como encontramos em Salmos 103:19: *"O SENHOR estabeleceu o seu trono nos céus, e, como rei, domina sobre tudo o que existe."* O trono de Deus está no céu.

Ora, apesar de o trono de Deus estar no céu, Ele ainda quer construir o Grande Santuário que representará a Sua glória; o Grande Santuário se tornará uma sólida evidência do poder e da glória de Deus em todo o mundo.

Hoje existem muitas construções grandiosas na terra. As pessoas investem grandes quantias de dinheiro e constroem lindas estruturas para sua própria glória e de acordo com seus próprios desejos, mas ninguém está fazendo o mesmo para Deus, que é verdadeiramente o merecedor de toda a glória. Assim sendo, Deus quer construir o maravilhoso Grande Santuário através de Seus filhos que receberam o Espírito Santo e se tornaram santificados. Ele, então, quer ser glorificado como convém por pessoas de todas as nações (1 Crônicas 22:6-16).

Quando o belo Grande Santuário for construído da maneira como Deus quer, todos os povos de todas as nações glorificarão a Deus e se prepararão como noivas do Senhor para recebê-Lo. É por esse motivo que Deus tem preparado o Grande Santuário como o centro da evangelização, a fim de levar inúmeras pessoas ao caminho da salvação e à Nova Jerusalém, no fim dos tempos. Se percebermos essa providência de Deus, construindo o Grande Santuário e glorificando-o, Ele nos recompensará de acordo com nossas obras e construirá o mesmo Grande Santuário da Cidade de Nova Jerusalém.

Assim, ao olhar para o Grande Santuário feito de pedras preciosas e ouro, os quais não podem ser comparados nem mesmo aos mais caros e sofisticados materiais terrestres, aqueles que entrarem no céu serão perpetuamente gratos pelo amor de Deus, que os levou por um caminho de glória e bênção através da cultivação humana.

Casas celestiais decoradas com ouro e pedras preciosas

Ao redor do castelo do Espírito Santo estão as casas decoradas com vários tipos de pedras preciosas, e realmente muitas delas ainda estão em construção. Podemos ver muitos anjos trabalhando, colocando lindas pedras aqui e ali ou limpando o lugar das casas. Dessa maneira, Deus recompensa cada indivíduo segundo suas obras e o coloca em sua casa no céu.

Uma vez Deus me mostrou casas de dois obreiros muito fiéis de minha igreja. Uma delas tem sido fonte de grande força para a igreja, orando dia e noite pelo reino de Deus e a sua casa é construída com aroma de oração e perseverança e decorada desde a entrada com brilhantes pedras.

Para acomodar suas doces características, há uma mesa no canto do jardim na qual ela pode tomar chá com seus amados. Há muitas espécies de flores de diferentes cores na grama e isso é só a descrição da entrada. Você pode imaginar quão mais linda será o resto da casa?

A outra casa que Deus me mostrou pertence a uma obreira que se devotou a uma evangelização literária nesta terra. Pude ver um cômodo dentre muitos outros em sua casa. Lá havia uma escrivaninha, uma cadeira, um castiçal – todos feitos de ouro – e muitos livros. Isso é recompensa e ao mesmo tempo uma lembrança de seu trabalho glorificando a Deus através da evangelização literária, já que Deus sabe que ela gosta muito de ler.

Assim, Deus não apenas prepara nossos lares celestiais, mas também nos dá lindos itens (que vão além de nossa imaginação) para recompensar a nossa atitude de abandonar os prazeres humanos nesta terra, a fim de nos devotarmos a realizar completamente a obra de Deus.

Para Sempre com o Senhor nosso Noivo

Na Cidade de Nova Jerusalém, muitos banquetes, incluindo o realizado por Deus Pai, acontecem a todo o tempo. Isso é porque aqueles que vivem ali podem convidar irmãos e irmãs que vivem em outros lugares do céu para participar.

Quão glorioso e feliz será se você puder morar na Nova Jerusalém e ser convidado pelo Senhor para compartilhar do Seu amor e ir aos seus ótimos banquetes!

Calorosas boas-vindas no castelo do Senhor

Quando as pessoas da Nova Jerusalém são convidadas pelo Senhor, seu noivo, elas se adornam como as mais lindas noivas e com corações alegres se reúnem em Seu castelo. Quando essas noivas do Senhor chegam em Seu castelo, dois anjos, um em cada lado do brilhante portão principal, educadamente lhes dão as boas vindas. Neste momento, a fragrância dos muros decorados com muitos tipos de flores e pedras preciosas impregnam seus corpos e lhes somam ainda mais felicidade.

Ao entrar pelo portão principal, o som de louvores que

toca o mais fundo do espírito é suavemente ouvido. Então, ao ouvi-lo, paz, felicidade e gratidão pelo amor de Deus fluem abundantemente dos corações, porque todos sabem que foram levados ali por Ele.

Enquanto os residentes da Nova Jerusalém caminham pela rua de ouro claro como o vidro em direção à parte principal do castelo, são escoltadas por anjos e vêem muitos jardins e lindas construções. Até chegarem à parte principal, seus corações palpitam em esperança e expectativa de encontrar-se com o Senhor. Ao se aproximarem, conseguem vê-Lo esperando por eles. Lágrimas bloqueiam sua visão, mas eles correm para o Senhor em ansioso desejo de vê-Lo e Ele espera por todos com braços escancarados e Sua face cheia de amor e mansidão. Então, abraça cada um deles.

O Senhor lhes diz: "Venham, minhas noivas lindas! Vocês são mais que bem-vindas!" Aqueles que são convidados confessam seu amor por seu Noivo dizendo: "Sou grato do fundo do meu coração por ter me convidado!" Então, caminham aqui e ali de mãos dadas com o Senhor, como casais profundamente apaixonados e conversam com Ele sobre coisas que sempre quiseram e ansiaram conversar desde seus tempos na terra. À direita da parte principal do castelo está um grande lago, e o Senhor fala sobre seus sentimentos e circunstâncias em detalhes, do tempo de Seu ministério sobre a terra.

Perto do lago que faz lembrar o Mar da Galiléia

Por que esse lago lhes lembra o Mar da Galiléia? Deus o fez

assim porque o Senhor começou e fez muito do Seu ministério nos arredores do Mar da Galiléia (Mateus 4:23). Isaías 9:1 diz: *"Contudo, não haverá mais escuridão para os que estavam aflitos. No passado ele humilhou a terra de Zebulom e de Naftali, mas no futuro honrará a Galiléia dos gentios, o caminho do mar, junto ao Jordão."* Havia sido profetizado que o Senhor começaria Seu ministério no Mar da Galiléia e a profecia se cumpriu.

Muitos peixes que emitem diferentes cores nadam nessas águas. Em João 21, o Senhor ressurreto apareceu a Pedro, que não havia pescado nenhum peixe e lhe disse: *"Lancem a rede do lado direito do barco e vocês encontrarão"* (v. 6), e quando Pedro puxou a rede, ele apanhou 153 peixes. No lago do castelo do Senhor também há 153 peixes e isso também é em memória do Seu ministério. Quando esses peixes pulam no ar e fazem manobras adoráveis, suas cores mudam e somam ainda mais alegria e prazer aos convidados.

O Senhor caminha sobre esse lago assim como Ele fez no Mar da Galiléia nesta terra. Então, aqueles que são convidados podem ficar nos arredores do lago com muita alegria, ouvindo o Senhor falar. Ele explica detalhadamente a ocasião, quando Ele caminhou sobre o Mar da Galiléia. Então, Pedro, que pôde andar sobre as águas por um momento nesta terra, obedecendo à Palavra do Senhor, sentirá por ter afundado por causa de sua pequena fé (Mateus 14:28-32).

Um museu em honra ao ministério do Senhor

Visitando vários lugares com o Senhor, as pessoas agora pensarão nos tempos de sua cultivação na terra e estão cheias do amor de Deus Pai e do Senhor que preparou o céu. Elas chegarão ao museu à esquerda da parte principal do castelo do Senhor. Deus Pai o fez a fim de trazer sempre à memória de todos o ministério do Senhor na terra, para que possam ver e sentir tudo como se fosse real. O lugar onde Jesus foi julgado por Pôncio Pilatos e a Via Dolorosa onde carregou a cruz até Gólgota, por exemplo, foram reconstruídos exatamente do mesmo jeito. Quando as pessoas virem esses lugares, o Senhor lhes explicará detalhadamente as situações.

Há pouco tempo atrás, sob inspiração do Espírito Santo, pude aprender o que o Senhor confessou naquela época e gostaria de compartilhar uma parte com você. É uma confissão que Jesus, que veio a esta terra depois de renunciar toda a glória no céu, fez em seu coração em seu trajeto para Gólgota, com a cruz.

Pai! Meu pai!
Pai meu, que é perfeito em luz,
Tu amas tudo verdadeiramente!
A terra que pisei
pela primeira vez Contigo
e as pessoas,
desde que foram criadas,
e que se corromperam tanto até agora...

Agora percebo
Por que me enviaste aqui,
Por que me deixaste sofrer essas provações
Vindas dos corações corrompidos das pessoas,
E por que me fizeste descer até aqui
Do glorioso lugar no céu!
Agora posso sentir e entender
Todas essas coisas
Do fundo do meu coração.

Mas Pai!
Sei que restaurarás todas as coisas
Em Tua justiça e mistérios.
Pai!
Todas essas coisas são transitórias.
Mas por causa da glória
Que Me deste,
E os caminhos de luz
Que abriste para essas pessoas,
Pai,
Levo esta cruz com esperança e alegria.

Pai, estou sendo capaz de ir por este caminho
Porque creio
Que abrirás este caminho e iluminarás
Com Tua permissão e em Teu amor,
E farás Teu Filho brilhar
Com lindos raios de luz

Quando tudo acabar
Dentro de pouco tempo.

Pai!

O solo onde costumavas pisar era feito de ouro
As ruas onde caminhavas também eram ouro,
E os aromas de flores que costumavas sentir
Não podem ser comparados
Aos desta terra,
Os tecidos das roupas
Que costumavas vestir
São tão diferentes destes,
E o lugar onde moravas era
Um lugar tão glorioso!
E eu gostaria que essas pessoas conhecessem esse
lindo e calmo lugar.

Pai,
Posso ver cada detalhe de Tua providência.
Porque me concebeste,
Porque me deste este dever,
E porque me fizeste descer aqui
Para pisar na terra corrompida,
E ler a mente de pessoas corrompidas.
Louvo a Ti, Pai
Por Teu amor, grandiosidade,
e todas essas coisas que são impecáveis.

Meu querido Pai!
As pessoas acham que não Me defendo,
E que eu alego ser o rei dos Judeus.

Mas Pai,
Como elas podem imaginar
O amor do Pai que flui do meu coração,
O amor por essas pessoas
Fluindo do meu coração?

Pai,
Muitos compreenderão e entenderão
As coisas que estão para acontecer mais tarde
Através do Espírito Santo
Que lhes dará como um dom
Depois de eu ter subido.
Por causa dessa dor momentânea,
Pai, não chores nem
Vires o Teu rosto contra Mim.
Não deixes Teu coração se encher de dor,
Pai!

Pai, eu Te amo!
Até que eu seja crucificado,
Derrama o meu sangue e dê o último suspiro,
Pai, penso sobre todas as coisas que dizem respeito
Ao coração dessas pessoas.

Pai, não sintas por isso

Mas sejas glorificado através de Teu Filho,
E a providência e todos os planos do Pai
Sejam completas para sempre e sempre.

Jesus explica o que passava por Sua cabeça, enquanto estava na cruz: a glória do céu; Ele estando diante do Pai; as pessoas; a razão pela qual o Pai lhe tinha dado deveres, e assim por diante. Aqueles que são convidados para ir ao castelo do Senhor derramam lágrimas à medida que ouvem, dão graças a Jesus por ter levado a cruz em seu lugar e confessam, do fundo de seus corações: "Meu Senhor, Tu és meu verdadeiro Salvador!"

Em memória das provações do Senhor, Deus fez muitas ruas do castelo com pedras preciosas. Quando alguém caminha por elas, as luzes das pedras, de várias cores, se tornam ainda mais intensas e a sensação é de como se estivesse caminhando sobre a água. Também, em memória de ter sido pendurado na cruz e redimido os seres humanos de seus pecados, ali Deus Pai fez uma cruz de madeira com sangue salpicado sobre ela. Além disso, há o estábulo em Belém, no qual o Senhor nasceu e muitas outras coisas para se ver e sentir sobre o ministério Dele. Quando as pessoas visitarem esses lugares elas poderão reviver a obra do Senhor vendo-a e ouvindo-a e, assim, sentirão ainda mais profundamente o Seu amor juntamente com o amor do Pai. Elas darão, então, ainda mais glória e graças para sempre.

A Glória dos Residentes da Nova Jerusalém

A Nova Jerusalém é o lugar mais bonito do céu dado como recompensa àqueles que alcançaram a santificação em seus corações e foram fiéis em toda a casa de Deus. Apocalipse 21:24-26 nos fala sobre os tipos de pessoas que receberão a glória de entrar na Cidade:

> *As nações andarão em sua luz, e os reis da terra lhe trarão a sua glória. Suas portas jamais se fecharão de dia, pois ali não haverá noite. A glória e a honra das nações lhe serão trazidas.*

As nações andarão em sua luz

Aqui, "nações" se refere a todas as pessoas que são salvas, independentemente de suas variações étnicas. Embora cidadania, raças e outros atributos difiram uma pessoa da outra, uma vez que são salvas através de Jesus Cristo, todos se tornam filhos de Deus e passam a ter a cidadania do reino dos céus.

Portanto, a frase "as nações andaram em sua luz" quer dizer que todos os filhos de Deus andarão na luz da glória de Deus. Entretanto, nem todos os filhos de Deus terão glória para entrar livremente na Nova Jerusalém. Isso é porque aqueles que estarão no Paraíso, Primeiro, Segundo ou Terceiro Reinos do Céu só podem ir à Nova Jerusalém sob convite. Apenas aqueles que forem completamente santificados e fiéis em toda a casa de Deus poderão ter a honra de ver a Deus Pai face a face na Cidade para sempre.

Os reis da terra trarão sua glória

"Reis da terra" se refere aos líderes espirituais. Estas pessoas brilham como as doze pedras preciosas dos doze fundamentos dos muros da Nova Jerusalém e possuem as qualificações para habitar perpetuamente na Cidade. Ora, os que forem reconhecidos por Deus, quando estiverem perante Ele, trar-Lhe-ão ofertas que foram preparadas com todo seu coração. Quando digo "ofertas", quero dizer tudo com que haverão dado glórias a Deus com corações puros e claros como o cristal.

Assim sendo, "os reis da terra lhe trarão a sua glória" significa que eles prepararão todas as coisas as quais se dedicaram ardentemente para promover o reino de Deus e dar glórias a Ele, como oferta, para entrarem na Nova Jerusalém.

Os reis desta terra dão ofertas a reis de nações maiores e mais fortes como meio de bajulá-los, mas a oferta a Deus é dada com verdadeira gratidão por Ele nos ter guiado pelo caminho da salvação e vida eterna. Deus recebe essa oferta com prazer e recompensa quem as oferece com a honra de ficar na Cidade de Nova Jerusalém para todo o sempre.

Na Nova Jerusalém não há escuridão, pois Deus, que é a própria luz, fica ali. E uma vez que não há noite, maldade, roubos ou morte, não é necessário fechar os portões da Cidade. Todavia, a razão pela qual as Escrituras dizem "dia" é porque temos um conhecimento limitado e não conseguimos entender completamente como será o céu.

Trazendo a glória e a honra das nações

Mas, então, o que a frase "a glória e a honra das nações lhe serão trazidas" significa? Todas as pessoas de todas as nações que receberam a salvação e "a glória e a honra das nações lhe serão trazidas" significa que essas pessoas entrarão na Nova Jerusalém com as coisas com as quais elas deram glória a Deus, enquanto exalavam o perfume de Cristo na terra.

Quando uma criança estuda muito e suas notas aumentam, ela se gaba para seus pais. Os pais então se alegram por causa daquilo e se orgulham do esforço de seu filho, mesmo se sua nota não estiver entre as melhores da turma. Da mesma maneira, à medida que agimos com fé na terra pelo reino de Deus, exalamos o perfume de Jesus Cristo e damos glória a Deus, que a recebe com gozo.

É mencionado acima que "os reis da terra lhe trarão a sua glória" e a razão pela qual lemos "reis da terra" é primeiro para mostrar a ordem espiritual ou o cargo nos quais as pessoas estarão diante de Deus.

Aqueles que são qualificados para permanecer na Nova Jerusalém para sempre com a glória como o sol estarão diante de Deus primeiro, seguidos por aqueles que são salvos em todas as nações com respectivas glórias. Devemos perceber que, se não temos as qualificações para morar na Nova Jerusalém eternamente, poderemos visitá-la só ocasionalmente.

Aqueles que nunca poderão entrar na Nova Jerusalém

O Deus de amor quer que todos recebam a salvação e recompensa cada um com um lar no céu e prêmios celestiais de acordo com suas obras. É por essa razão que aqueles que não possuem as qualificações para entrar na Nova Jerusalém, entrarão no Terceiro, Segundo ou Primeiro Reino do Céu ou no Paraíso – de acordo com a medida de sua fé. Deus, então, realiza banquetes especiais na Nova Jerusalém e os convida para que eles também possam desfrutar da magnificência da Cidade.

Contudo, há algumas pessoas que nunca poderão entrar na Nova Jerusalém, mesmo se Deus quiser ter misericórdia delas: aquelas que não receberem a salvação, nunca poderão ver a glória da Nova Jerusalém.

Nela jamais entrará algo impuro, nem ninguém que pratique o que é vergonhoso ou enganoso, mas unicamente aqueles cujos nomes estão escritos no livro da vida do Cordeiro. (Apocalipse 21:27).

"Impuro" aqui refere-se a julgar, condenar os outros e reclamar ao buscar os próprios interesses. Esse tipo de pessoa assume o papel de julgar e condenar as outras, de acordo com o que pensa, ao invés de procurar entender seu próximo. "Abominação" aqui se refere a todas as obras que surgem de corações abomináveis no sentido de servirem a dois senhores. Uma vez que essas pessoas possuem corações instáveis e caprichosos, elas dão graças só quando recebem respostas às suas orações e reclamam ou

141

lamentam logo na primeira provação. Ora, aqueles cujos corações são vergonhosos enganam sua consciência e não hesitam em mudar seu modo de pensar, de modo a satisfazer os interesses dos outros e não seus próprios.

Uma pessoa "enganosa" é aquela que engana a si mesmo – e temos de saber que esse tipo de desonestidade acaba se tornando uma armadilha de Satanás. Há mentirosos que mentem sempre e outros que só mentem para o bem dos outros, mas Deus quer que nos livremos de todos os tipos de mentira, inclusive esse segundo. Há pessoas que prejudicam as outras ao dar falsos testemunhos, e esse tipo de pessoa que engana as outras com uma má intenção não será salva. Aqueles que enganam o Espírito Santo ou possuem coisas ocultas ao executar a obra de Deus também são considerados como "estarem mentindo". Judas Iscariotes, um dos doze discípulos de Jesus, era encarregado da bolsa de dinheiro e continuava roubando na obra de Deus, ao pegar dinheiro do tesouro e cometer outros pecados. Quando Satanás finalmente o possuiu, ele vendeu Jesus por trinta moedas de prata e foi eternamente descartado.

Há pessoas que vêem doentes sendo curados e demônios sendo expulsos pelo Espírito Santo no poder de Deus e ainda negam essas obras, chegando a dizer até que são obras do diabo. Essas pessoas não podem entrar no céu, porque blasfemam e falam contra o Espírito Santo. Não devemos mentir sob nenhuma circunstância.

Apagando nomes do Livro da Vida

Quando somos salvos pela fé, nossos nomes são registrados no Livro da Vida pelo Cordeiro (Apocalipse 3:5). Contudo, isso não significa que todos que aceitaram Jesus Cristo serão salvos. Podemos ser salvos de verdade somente quando agimos de acordo com a Palavra de Deus e refletimos o coração do Senhor, circuncidando o nosso. Se continuarmos a ter atitudes de inverdade, mesmo depois de termos aceitado Jesus Cristo, nossos nomes serão apagados do Livro da Vida e, no fim, não receberemos a salvação.

Sobre isso, Apocalipse 22:14-15 nos diz que benditos são aqueles que lavam suas vestes e que, aqueles que não o fazem, não serão salvos:

Felizes os que lavam as suas vestes, e assim têm direito à árvore da vida e podem entrar na cidade pelas portas. Fora ficam os cães, os que praticam feitiçaria, os que cometem imoralidades sexuais, os assassinos, os idólatras e todos os que amam e praticam a mentira.

"Cães" aqui se refere àqueles que praticam inverdade de novo e de novo. Aqueles que não se convertem de suas atitudes más, mas praticam o mal, não podem nunca ser salvos. São como um cão lambendo seu vômito, ou como uma porca voltando para a lama logo depois de lavada. Isso é porque eles parecem ter se livrado da maldade, mas permanecem repetindo seus caminhos maus – parecem estar se tornando melhores, mas retornam aos seus antigos caminhos.

Entretanto, Deus reconhece a fé daqueles que lutam para fazer o bem, mesmo quando não conseguem agir completamente, segundo a Palavra de Deus ainda. Eles serão eventualmente salvos porque estão ainda em transformação e Deus reconhece seus esforços de fé

Aqueles que praticam feitiçaria agem de forma abominável e fazem os outros adorarem falsos deuses. Isso é muito, muito abominável a Deus.

"Cometer imoralidades sexuais" se refere às pessoas que cometem adultério com ou sem esposa ou esposo. Não há adultério somente físico, mas também o espiritual, que é amar mais a qualquer outra coisa que a Deus. Se uma pessoa, que experimentou de fato o Deus vivo e conheceu o Seu amor e ainda começar a amar coisas mundanas novamente como o dinheiro ou sua família mais que a Deus, essa pessoa comete o adultério espiritual e não está correta diante de Deus.

"Assassinos" cometem assassinatos físicos ou espirituais. Se você sabe o significado espiritual de "assassinar", você provavelmente não seria capaz de dizer firmemente que nunca assassinou ninguém. Um assassino espiritual é aquele que faz os filhos de Deus pecar e perder sua vida espiritual (Mateus 18:7). Se você causar dor a outros com qualquer coisa que seja contra a verdade, tal coisa também é assassinato espiritual (Mateus 5:21-22).

Assassinato espiritual também é odiar, invejar, julgar, condenar, discutir, irar-se, enganar, mentir, fazer dissensão ou facção, caluniar e ser sem amor ou misericórdia (Gálatas 5:19-

21). Algumas vezes, no entanto, há algumas pessoas que se perdem em sua própria maldade. Se elas deixam Deus porque estão decepcionadas com alguém da igreja, por exemplo. Mas se realmente crêem em Deus, nunca irão se perder. A idolatria, por sua vez, é uma das coisas que Deus mais odeia. Na idolatria também há o tipo físico e o espiritual. O físico é fazer imagens e adorá-las (Isaías 46:6-7). O espiritual é qualquer coisa que você ame mais que a Deus. Se amamos mais nossa esposa ou filhos mais que a Deus, em busca dos nossos próprios desejos ou quebramos os mandamentos de Deus ao amarmos o dinheiro, a fama ou o conhecimento mais que a Deus, isso é idolatria espiritual.

Esses tipos de pessoas, não importa quanto clamem "Senhor, Senhor" e vão à igreja, não podem ser salvas e entrar no céu, pois não amam a Deus.

Assim sendo, se você aceitou Jesus Cristo, recebeu o Espírito Santo como dom de Deus e o seu nome foi escrito no Livro da Vida pelo Cordeiro, por favor, mantenha em mente que você pode entrar no céu e avançar para a Nova Jerusalém, somente quando agir de acordo com a Palavra de Deus.

A Nova Jerusalém é o lugar onde apenas aqueles que são completamente santificados em seus corações e fiéis em toda a casa de Deus podem entrar.

De um lado, aqueles que entram na Cidade podem ver a Deus face a face, ter amáveis diálogos com o Senhor e desfrutar de honra e glória inimagináveis. Por outro lado, aqueles que ficam no Paraíso, Primeiro, Segundo ou Terceiro Reino do Céu podem visitar a Cidade de Nova Jerusalém somente quando são convidados para banquetes especiais, incluindo os feitos por Deus Pai.

Oro, em nome do Senhor Jesus Cristo, para que você possa se tornar um verdadeiro filho de Deus, que luta o bom combate contra o pecado e a maldade a ponto de sangrar; realiza a santificação de seu coração e é fiel em toda a casa Deus, para que então você possa ficar na Nova Jerusalém para sempre.

Capítulo 8

"Eu Vi a Cidade Santa, a Nova Jerusalém"

Bem-aventurados serão vocês quando,
por minha causa, os insultarem,
os perseguirem e levantarem todo tipo de
calúnia contra vocês.
Alegrem-se e regozijem-se,
porque grande é a sua recompensa nos céus,
pois da mesma forma perseguiram os profetas
que viveram antes de vocês.

- Mateus 5:11-12

Na Cidade de Nova Jerusalém, as casas celestiais estão sendo construídas para que as pessoas, cujos corações se assemelharem completamente ao coração de Deus, possam habitar nelas depois. De acordo com o gosto de cada um, elas estão sendo construídas por anjos e arcanjos com a supervisão do Senhor. Isso é um privilégio só para quem entrar na Nova Jerusalém. Algumas vezes, o próprio Deus dá ordem a algum arcanjo para construir uma casa específica para determinada pessoa, de modo que seja feita exatamente segundo o gosto do dono. Ele não se esquece de nenhuma gota de lágrima derramada por Seus filhos para o Seu reino e os recompensa com lindas pedras preciosas.

Como vemos em Mateus 11:12, Deus nos diz claramente que, à medida que vencemos em batalhas espirituais e amadurecemos nossa fé, podemos possuir um lugar mais bonito no céu:

> *Desde os dias de João Batista até agora, o Reino dos céus é tomado à força, e os que usam de força se apoderam dele.*

O Deus de amor, por muitos anos, tem nos guiado de modo a avançar para o céu com vontade, mostrando as casas celestiais de Nova Jerusalém claramente. Isso é porque o tempo da volta do Senhor, que tem preparado nossos lares celestiais, está próximo.

Espero que você possa entender o amor de Deus, que o recompensa sensível e delicadamente de acordo com suas obras, olhando para as casas celestiais com o toque do próprio Deus.

Casas Celestiais de Tamanhos Inimagináveis

Na Nova Jerusalém há muitas lindas casas de tamanhos inimagináveis. Dentre elas, há uma linda e magnífica casa construída sobre uma grande área. No centro há um grande e lindo castelo e, ao seu redor, há muitas edificações e coisas para desfrutar, semelhantes às que encontramos em parques de diversão para fazer com que esse lugar seja parecido com uma famosa atração turística. O que é ainda mais surpreendente é que essa casa celestial, como uma cidade, pertence a um indivíduo cultivado nesta terra!

Benditos são os mansos, pois herdarão a terra

Se tivéssemos condições financeiras nesta terra, poderíamos comprar um enorme pedaço de terra e construir uma linda casa da maneira como quiséssemos. Já no céu, não podemos nem comprar uma terra, nem construir qualquer casa, independentemente da riqueza que tivermos, pois Deus é que nos recompensa com a terra e com a casa segundo nossas obras. Mateus 5:5 diz: *"Bem-aventurados os humildes, pois eles receberão a terra por herança."* Dependendo da medida em que vamos refletindo o coração do Senhor e alcançando a mansidão espiritual nesta terra, podemos "herdar a terra" no céu. Isso é porque aquele que é espiritualmente manso pode compreender as pessoas e se tornar um lugar de conforto e descanso para elas. Esses estão sempre em paz com todos em qualquer situação, já que seu coração é macio e gentil como uma pluma.

Entretanto, se nos comprometermos com o mundo e formos contra a verdade, a fim de estarmos em paz com as outras pessoas, isso não é mansidão espiritual. Aquele que é verdadeiramente manso não apenas é capaz de compreender os outros com um coração aconchegante e macio, mas também de ser corajoso e forte o suficiente para arriscar sua própria vida pela verdade.

Esse tipo de pessoa pode ganhar os corações das pessoas e levá-las ao caminho da salvação e a um lugar melhor no céu, porque possuem amor e gentileza. É por isso que ela pode possuir uma grande casa no céu. Assim, a casa descrita abaixo pertence a uma pessoa que é verdadeiramente mansa.

Uma casa como uma cidade

No centro dessa grande casa há um castelo decorado com muitas pedras preciosas e ouro. Seu telhado é feito de sárdio em um formato redondo e bilha intensamente. Ao redor do brilhante e luminoso castelo, flui o Rio da Água da Vida que tem origem no trono de Deus, e muitas edificações fazem com que a vista seja como a de uma metrópole. Há também brinquedos de parque de diversão decorados com ouro e muitas pedras preciosas.

Em um lado do espaçoso terreno há florestas, uma planície e um grande lago; do outro lado há grandes montanhas com muitos tipos de flores e cachoeiras. Há também um oceano com um grande navio, como o *Titanic*.

Agora, pois, façamos um passeio turístico pela esplêndida casa. Há doze portões nos quatro lados. Vamos, pois, passar pelo portão principal do qual podemos ver o castelo principal no centro.

Esse portão principal é decorado com muitas pedras preciosas e guardado por dois anjos. Eles são masculinos e muito fortes. Eles estão sempre firmes, sem nem mesmo piscar os olhos e sua dignidade os faz parecer inaproximáveis.

Em ambos os lados do portão há grandes pilares lindos e redondos. Os muros são decorados com muitas pedras preciosas e as flores parecem não ter fim. Ao entrar pelo portão que se abre automaticamente, você pode ver de longe o castelo com seu telhado vermelho, que reflete lindos raios de luz sobre você. Ao olhar para as muitas casas de diferentes tamanhos, decoradas com muitas pedras preciosas, você não consegue evitar de ser comovido profundamente com o amor de Deus, que o recompensa a 30, 60 ou 100 vezes mais do que fez ou ofereceu. Você é grato por Ele ter dado o Seu único Filho para guiá-lo pelo caminho da salvação e vida eterna. Seu coração se encherá ainda mais de gratidão e alegria quando vir a casa celestial que Ele preparou para você.

Além de tudo, uma vez que um suave, limpo e lindo som de louvor pode ser ouvido em todos os arredores do castelo, uma paz inexpressável e felicidade fluem abundantemente em seu espírito e você então se enche se emoção:

Longe, nas profundezas de meu espírito nesta noite
Flui uma melodia mais doce que salmos;
Em ondas celestiais ela vem incessantemente
E inunda minha alma com infinita calma
Paz! Paz! Maravilhosa paz
Que desce do Pai dos céus!
Venha sobre o meu espírito para sempre, eu oro,
Em brisas infinitas de amor

Ruas de ouro claras como o vidro

Agora, pois, vamos ao grande castelo do centro, caminhando

pela rua de ouro. Ao entrar pela entrada principal, árvores de ouro e pedras preciosas com deliciosos frutos de jóias dão boas-vindas aos visitantes em cada lado da rua. Estes então podem pegar um fruto, que derrete na boca e é tão delicioso que todo o corpo fica energizado e alegre.

Em cada lado das ruas de ouro, flores de diversas cores e tamanhos também recebem e cumprimentam os visitantes com seus aromas. Atrás delas, há um gramado dourado com muitos outros tipos de árvores que complementam o lindo jardim. Flores de lindas cores dos arco-íris parecem emitir raios de luz e cada flor exala um aroma único. Em algumas delas, insetos como borboletas, também das cores do arco-íris – sentam e conversam umas com as outras. Sobre as árvores vemos mais deliciosos frutos entre seus galhos e folhas brilhantes. Muitos tipos de pássaros com penas douradas pousam sobre elas e cantam, fazendo o cenário ainda mais calmo e feliz. Há também alguns animais se alimentando aos arredores calmamente.

Um carro de nuvem e uma carruagem de ouro

Agora você está diante do segundo portão. A casa é tão grande que há outro portão dentro do principal. Diante de seus olhos há uma vasta área, que lembra uma garagem, na qual muitos carros de nuvem e uma carruagem de ouro estão estacionados e você então se maravilha com essa visão.

A carruagem de ouro, ornamentada com grandes diamantes e pedras preciosas, é para o dono dessa casa. Quando ela se move, brilha como uma estrela devido à maneira como é ornamentada e sua velocidade é bem maior que a dos carros de nuvens. Um carro de nuvem é rodeado por nuvens branquíssimas e lindas luzes de várias cores, possuindo quatro rodas e asas. O veículo utiliza as rodas quando está sobre o chão, mas quando voa, elas são recolhidas automaticamente e as asas então se esticam, para que assim o carro possa voar também livremente. Quão grande será a autoridade e honra de poder viajar a vários lugares no céu com o Senhor em um carro de nuvens, escoltado por hostes celestiais e anjos! Se um carro de nuvem é entregue a cada pessoa que entra na Nova Jerusalém, você pode imaginar quanto o dono dessa casa foi recompensado, uma vez que há numerosos carros de nuvens em sua garagem?

Um grande castelo no centro

Quando você chega ao grande e lindo castelo em um carro de nuvem, você pode ver uma edificação com o telhado de sárdio. Esta é tão grande que não pode ser comparada a nenhuma construção desta terra. É como se todo o castelo estivesse girando lentamente, emitindo brilhantes luzes que o fazem parecer estar vivo. Ouro puro e jaspe emitem luminosas luzes douradas em um tom azulado. O castelo parece uma escultura sem junções. As paredes e flores ao seu redor exalam maravilhosos aromas adicionando ainda mais felicidade e alegria, que não são expressas em palavras. Flores de diferentes tamanhos fazem o cenário ainda mais diversificado e suas diferentes formas e perfumes formam uma combinação perfeita.

Qual é, então, a razão específica por que Deus providenciou

um pedaço de terra tão grande e uma casa tão linda e enorme? É porque Ele nunca deixa de ver ou se esquece de nada que Seus filhos fizeram para Seu reino e justiça nesta terra e os recompensa com abundância.

Regozijo-me de novo e de novo
Em Meu amado.
Ele Me amou tanto
Que deu Seu tudo.
Ele Me amou mais que seus pais e irmãos,
Não poupou Sua própria vida
Mas a desconsiderou
Para entregá-la a Mim.

Seus olhos sempre estiveram focados em Mim.
Ele ouviu Minha Palavra por completo.
Buscou somente a Minha glória.
Sempre esteve grato
Mesmo quando sob sofrimento injusto.
Mesmo em meio a perseguições,
Em amor Ele orou
Por aqueles que O perseguiam.
Nunca abandonou a ninguém
Mesmo quando O traíram
Cumpriu Seu dever com alegria
Mesmo quando com dores insuportáveis.
E Ele salvou muitas almas
E realizou completamente a Minha vontade,

Marcando Meu coração
E porque fez a Minha vontade
E amou-Me tanto,
Eu preparei-Lhe
Essa grande e esplêndida casa
Na Nova Jerusalém.

Um Castelo Magnífico com Total Privacidade

Como pode ver, Deus colocou seus toques especiais nas casas daqueles que são muito amados por Ele. Assim, as casas da Nova Jerusalém tem níveis de beleza e luz de glória variadas. Um grande castelo no centro é um lugar onde o dono pode desfrutar de completa privacidade. É para compensar seus trabalhos e orações em lágrimas ao realizar o reino de Deus e o fato de ele ter cuidado de almas noite e dia sem ter uma vida privada para curtir.

A estrutura geral desse castelo é: ele tem uma casa principal no centro, e possui duas camadas de muros. Há um muro adicional no meio, entre a casa principal no centro e o muro da parte de fora. Assim todo o castelo é dividido em a parte de dentro e a parte de fora, que são respectivamente a partir da casa principal até o muro central, e do muro central até o muro do lado externo.

Portanto, para chegar à casa principal do castelo, temos de passar pelo portão principal, e depois por outro, no muro do meio. No muro de fora existem vários portões, e o portão alinhado com a frente da casa principal é o portão principal. Ele é decorado com várias pedras preciosas e é guardado por dois anjos. Os dois anjos tem rostos masculinos e parecem ser muito fortes. Sequer mexem os olhos quando estão em guarda, e podemos sentir sua dignidade.

Portanto, ambos os lados do portão principal são grandes pilares cilíndricos. Os muros são decorados com jóias e flores, e são tão altos que não podemos ver onde terminam. Guiados pelos anjos, entramos pelo portão principal que se abre automaticamente, e luzes lindas e brilhantes vem sobre nós. Depois, vemos uma rua de ouro como cristal que vai direto para o portão principal.

Seguimos a rua de ouro e alcançamos o segundo portão, que está localizado no muro do meio e separa a parte interna da externa do castelo. Ao passar por ele, vemos um grande espaço, onde muitos veículos de nuvem e a carruagem de ouro estão estacionados.

A casa principal do castelo é maior do que qualquer construção na terra. É um edifício de três andares, cada um em forma cilíndrica com uma área que diminui ao se subir de andar para andar. O telhado é como uma cúpula em forma de cebola.

As paredes da casa principal são feitas de puro ouro e jaspe. Assim, o tom azulado da pedra e o do ouro transparente e claro se juntam em luzes magníficas em harmonia. Elas são tão fortes que parece que a casa está viva e se mexendo. Toda a construção brilha e parece girar vagarosamente.

Agora, vamos entrar nesse grande castelo!

Doze Portões para entrar na casa principal do castelo

A casa principal tem doze portões de acesso. Como ela é muito grande, a distância de um portão para o outro é bastante grande. Os portões tem forma de arco, e cada um tem uma gravura de uma chave. Sob cada chave, está inscrito o nome do portão no alfabeto celestial com determinadas pedras preciosas, e cada portão também é decorado com aquele mesmo tipo de pedra. Sob eles estão as explicações de porque cada portão tem seu dado nome. O Pai pegou o que o dono dessa casa fez na terra e expressou tudo através dos doze portões.

O primeiro portão é o 'Portão da Salvação'. Ele tem a explicação de como esse dono se tornou pastor de tantas pessoas e guiou inúmeras almas à salvação em todo o mundo. Próximo ao Portão da Salvação está o 'Portão da Nova Jerusalém'. Debaixo do nome do portão está a explicação de que o proprietário guiou muitas almas à Nova Jerusalém.

Em seguida, vem os 'Portões do Poder'. Primeiro, tem quatro portões para quatro níveis de poder, e depois, vem o Portão do Poder da Criação e o Portão do Mais Alto Poder da Criação. Nesses portões estão explicações sobre como cada tipo de poder curou tantas pessoas e glorificou a Deus.

O nono portão é o 'Portão da Revelação', e nele está a explicação de que o dono recebeu muita Revelação e a explicou na Bíblia muito claramente. O décimo é o 'Portão das Conquistas'. Ele comemora conquistas como, por exemplo, a construção do Grande Santuário.

O décimo primeiro é o 'Portão da Oração'. Ele nos conta como o proprietário orou com toda a sua vida para cumprir a vontade de Deus com amor a Ele, e como ele gemeu e orou pelas almas.

O ultimo portão é o portão 'Vencendo o diabo, Satanás.' Sua explicação é que o dono venceu tudo com fé e amor quando o diabo, Satanás tentou prejudicá-lo e colocá-lo em desespero.

Inscrições e desenhos especiais em seus muros

Os muros, feitos de puro ouro e jaspe, são cheios de desenhos e coisas escritas. Cada detalhe sobre as perseguições e zombarias que foram enfrentadas pelo reino de Deus, e todas as obras por meio das quais o Senhor foi glorificado são registradas. O que é ainda mais incrível é que o próprio Deus gravou o que é escrito em forma de poemas e as letras emitem lindas cores brilhantes. O castelo tem doze portões, para que as pessoas possam entrar de todos os seus quatro lados e o segredo está embutido em cada um. Há chaves de fé, amor, evangelismo, e assim por diante, e diferentes chaves são colocadas em sua respectiva fechadura.

Ao entrar no castelo, depois de passar por um desses portões, você vê objetos que são muito mais bonitos que qualquer um que já possa ter visto fora dele. As luzes das pedras preciosas se coincidem duas ou três vezes a fim de fazê-las parecer ainda mais belas.

As inscrições sobre as lágrimas, empenho e esforços do proprietário nessa terra são cravadas nas paredes de dentro e também emitem fortes luzes. As vezes em que a pessoa orou fervorosamente em vigílias pelo reino de Deus e o puro aroma de sua entrega são registrados como poema, que também emite belos raios luminosos.

O melhor de tudo é que Deus Pai escondeu a maioria dos detalhes das inscrições, a fim de que Ele mesmo possa mostrar ao proprietário do castelo o significado de cada uma, quando ele chegar ao lugar. Deus receberá essa pessoa, cujo coração glorifica ao Pai, e esta se comoverá imensamente ao ouvi-Lo dizendo: "Preparei isso para você."

Mesmo nesse mundo, quando amamos alguém algumas pessoas escrevem seus nomes várias vezes em cadernos, agendas, ma praia, ou até em árvores ou rochas. Elas não sabem como expressar seu amor, e assim ficam escrevendo o nome da pessoa a quem amam.

De maneira semelhante, há uma placa quadrada de ouro com apenas três palavras: 'Pai', 'Senhor', e 'Eu'. "Pai, Senhor, Eu". Isso foi uma maneira de o dono da casa expressar seu amor pelo Pai e pelo Senhor.

Encontros e banquetes no primeiro andar

Este castelo não está aberto a outras pessoas na maioria do tempo, mas em ocasiões de banquetes ou bailes, ele se abre para receber todos os convidados. Há um "hall" muito grande onde inúmeras pessoas podem se reunir e desfrutar de banquetes, compartilhando do amor e alegria do dono e conversando com outras pessoas.

Esse "hall" é redondo e tão grande que você não consegue ver o fim do outro lado. O piso é claro e macio com muitas pedras preciosas. Em seu meio há um lustre de três níveis, adicionando dignidade ao cômodo e, ao redor deste, mais lustres de ouro de vários tamanhos afixados nas paredes do castelo. Outra coisa que também se encontra no centro do "hall" é um palco redondo e muitas mesas colocadas em camadas ao seu redor. Aqueles que são convidados tomam seus assentos ordenadamente e conversam amigável e gentilmente.

Toda a decoração no interior do castelo é feita de acordo com o gosto de seu proprietário, e suas luzes e formas são muito bonitas e delicadas. Cada preciosidade possui o toque de Deus e ser convidado para um banquete neste lugar é motivo de grande honra.

Cômodos secretos e quartos de visita no segundo andar

No segundo andar desse grande castelo, há muitos cômodos e cada um deles possui um segredo, revelado completo e somente no céu recompensado a cada um, segundo suas obras. Há um quarto, inclusive, com muitas coroas, como um museu. Dentre elas, uma de ouro, outra decorada com ouro, outra de cristal, outra de pérolas, de flores e muitas outras adornadas das mais variadas formas. Essas coroas serão entregues a uma pessoa toda vez que ela realizar o reino de Deus na terra e glorificar o Seu nome, e seus tamanhos, formas, materiais e *design* são todos diferentes, a fim de demonstrar diferentes honras. Além desse quarto, há também outros grandes que servem como *closets* para roupas, cofres e para coisas preciosas, cuidados de forma especial por anjos.

Há também um cômodo sem muitos objetos, chamado "Sala de Oração," que existe porque o proprietário de tudo ofereceu muitas orações na terra. Há um outro cômodo com conjuntos de televisões, chamado "Sala da Agonia e Tristeza", onde a pessoa pode assistir a todas as coisas de sua vida terrena, sempre que quiser. Deus preservou cada momento e acontecimento da vida dela por ter sofrido tremendamente, enquanto fazia a obra de Deus e exercia seu ministério, derramando muitas lágrimas pelas almas.

Há também um lugar belamente decorado para receber profetas no segundo andar. Ali o proprietário pode compartilhar seu amor e ter amigáveis diálogos com eles. Pode encontrar com profetas como Elias, que subiu ao céu em um carro de fogo; Enoque, que andou com Deus por 300 anos; Abraão, que agradou a Deus com sua fé; Moisés, que foi o homem mais humilde da face da terra e o tão apaixonado apóstolo Paulo, e muitos outros, desfrutando da conversa sobre suas vidas e circunstâncias que passaram nesta terra.

Terceiro andar reservado para compartilhar amor com o Senhor

O terceiro andar do grande castelo é decorado maravilhosamente a fim de receber o Senhor e dialogar com Ele o máximo possível. Ele existe porque o proprietário amou ao Senhor mais do que a qualquer outra coisa, tentou refletir Suas obras lendo os Quatro Evangelhos e serviu e amou a todos, como o Senhor o fez com seus discípulos. Essa pessoa orou com lágrimas, a fim de sempre levar inúmeras almas pelo caminho da salvação, recebendo o poder de Deus, assim como o Senhor expressou em Si várias evidências do Deus vivo. Lágrimas desabavam sempre que essa pessoa pensava no Senhor e durante muitas noites ela deixou de dormir, para orar fervorosamente porque sentia falta do Senhor. Assim como o Senhor também fez vigílias, a fim de fazer o Seu melhor pela completa realização do reino de Deus, essa pessoa o fez.

Quão alegre e feliz ela será, quando puder encontrar-se com o Senhor face a face e compartilhar seu amor com Ele na Nova Jerusalém!

Eu vejo meu Senhor!
Posso ver a luz de Teus olhos
Face a face,
Posso guardar Teu manso sorriso em meu coração,
E tudo isso é tanta alegria para mim!
Posso ver meu Senhor!

Meu Senhor,
Como Te amo!
Viste tudo
E sabes de tudo.
Agora tenho imensa alegria
Por poder confessar o meu amor.
Te amo, Senhor.
Senti muito Tua falta.

Conversas com o Senhor nunca se tornarão chatas ou cansativas.

Deus Pai, que recebeu esse amor, é quem decorou o interior, fez os ornamentos e pôs pedras preciosas cuidadosamente no terceiro andar. A elaboração e esplendor dessa magnífica casa não podem ser descritos e as luzes ali são especiais. Você pode, olhando para as casas espalhadas pelo céu, sentir a justiça e o delicado amor de Deus, que o recompensa de acordo com suas obras.

Pontos "Turísticos" Celestiais

O que mais há ao redor do grande castelo? Se eu tentar descrever essa casa-cidade em minuciosos detalhes, palavras não caberão em apenas um livro. Ao redor do castelo há um grande jardim, juntamente com muitos tipos de edificações lindamente decoradas e todas em harmonia. Coisas como piscinas, parques de diversão, chalés e teatros fazem ainda com que essa casa se pareça mais com uma atração turística.

Todas as recompensas de Deus são de acordo com nossas obras

A razão pela qual o proprietário desse castelo pode ter esse tipo de moradia, com tantas coisas para desfrutar, é porque ele dedicou seu corpo, mente, tempo e dinheiro a Deus, enquanto estava na terra. Deus recompensa tudo que ele fez por Seu reino, incluindo o fato de ter levado inúmeras almas à salvação e construído Sua igreja. Deus pode nos dar além do que pedimos, mas também aquilo que desejamos em nosso coração. Vemos que Ele é capaz de desenhar construções mais lindas e perfeitas do que qualquer excelente arquiteto da terra, mostrando diversidade e unidade ao mesmo tempo.

Nesta terra, se temos dinheiro suficiente, podemos possuir tudo que quisermos na maioria das vezes. No céu, todavia, isso não ocorre. Uma casa para se morar, roupas, ornamentos, coroas e até mesmo criadagem de anjos não podem ser comprados ou contratados, mas somente dados de acordo com a medida da fé e da fidelidade de cada um ao reino de Deus.

Como vemos em Hebreus 8:5: *"Eles servem num santuário que é cópia e sombra daquele que está nos céus, já que Moisés foi avisado quando estava para construir o tabernáculo: 'Tenha o cuidado de fazer tudo segundo o modelo que lhe foi mostrado no monte',"* esse mundo é uma sombra do céu e a maioria dos animais, plantas e o resto da natureza são também encontrados no céu. No entanto, são muito mais bonitos que os da terra.

Vamos, pois, explorar os jardins cheios de plantas e flores.

Lugares de adoração e o Grande Santuário

No centro do castelo existe um lindo jardim interno onde muitas flores e árvores criam um belo cenário. Em ambos os lados da edificação há grandes lugares de adoração, onde as pessoas podem glorificar a Deus de tempos em tempos com louvor. Essa casa celestial, que é inimaginavelmente enorme, é como uma famosa atração turística cheia de instalações, e como leva muito tempo para as pessoas a conhecerem por completo, existem esses lugares de adoração para elas poderem descansar.

A adoração no céu é totalmente diferente da que conhecemos nessa terra. Você não fica preso a formalidades, mas pode dar a Deus glória com novos cânticos. Se você canta da glória do Pai e do amor do Senhor, é revigorado ao receber a plenitude do Espírito Santo. Então você tem profundas emoções no coração e é cheio de gratidão e alegria.

Além desses santuários, esse castelo tem uma edificação com exatamente o mesmo formato que um certo santuário que existia na terra. Enquanto estava na terra, o dono desse castelo tinha recebido o dever de Deus de construir um santuário enorme, e esse mesmo tipo de santuário também foi construído na Nova Jerusalém.

Como Davi no Novo Testamento, o dono desse castelo também ansiou pelo Templo de Deus. Existem muitas edificações no mundo, mas não há nenhuma que demonstra a dignidade e a glória de Deus; e ele sempre sentiu muito por esse fato.

Essa pessoa tinha uma grande vontade de construir um templo só para o Criador. O Pai aceitou o seu coração e deu-lhe todos os detalhes – forma, tamanho, decoração, e até mesmo as estruturas interiores. Aquilo era impossível aos pensamentos humanos, mas ele agiu com fé, esperança, e amor; e finalmente o Grande Santuário foi construído.

Esse Grande Santuário não é só uma edificação enorme e majestosa, mas é o cristalóide de lágrimas da energia daqueles crentes que verdadeiramente amam a Deus. Para que ele fosse construído, os tesouros do mundo tiveram de ser utilizados. O coração de reis e nações tiveram de ser movidos. E para tal coisa, foram necessárias as obras poderosas de Deus que ultrapassam a imaginação humana.

O dono desse castelo venceu intensas batalhas espirituais para receber esse tipo de poder. Ele creu em Deus, que faz o impossível possível, com bondade, amor, e obediência. Ele orou continuamente e como resultado, construiu o Grande Santuário que foi aceito alegremente por Deus.

O Pai, sabendo de todos esses fatos, também construiu uma reprodução do Grande Santuário no castelo dessa pessoa. Obviamente, o Grande Santuário do céu é de ouro e pedras preciosas – matérias mais belos do que os da terra – mas a forma é a mesma.

Um lugar como a *Opera House* de Sydney, Austrália

Há outro lugar no castelo que se parece com a *Opera House* de Sydney, Austrália. Há uma razão do Pai ter construído isso no castelo. Quando o dono estava na terra, ele organizou muitos grupos de apresentações entendendo o coração de Deus, que deleita-se em louvor. Ele glorificou ao Pai através de artes performáticas cristãs lindas e graciosas.

Ele dirigiu os grupos não apenas em questões de técnica ou habilidades, mas de forma espiritual, de modo que eles podiam louvar a Deus com amor verdadeiro, do fundo de seus corações.

Ele levantou muitas pessoas que podiam oferecer a Deus os tipos de louvor que Ele de fato aceitaria. Por causa disso, o Pai construiu esse lindo hall de apresentações – para que pessoas pudessem demonstrar suas habilidades com liberdades.

Um grande lago se encontra em frente à edificação e a faz parecer estar flutuando sobre a água. Quando as fontes de água jogam a água do lago para cima, as gostas caem com cores como de pedras preciosas. O hall de apresentações tem um lindo palco decorados também com muitas pedras preciosas, e muitos lugares para o público. Aqui, anjos se apresentam em lindas vestimentas.

Esses anjos dançam em vestidos brilhantes e translúcidos, como asas de libélulas. Cada movimento é perfeito e lindo. Há também anjos que cantam e tocam instrumentos musicais. As melodias são doces e são tocadas com alto nível de técnica e habilidade.

Mas, apesar de as habilidades dos anjos serem tão boas, o aroma que vem de seu louvor e dança é muito diferente do que os filhos de Deus exalam. Os filhos de Deus tem profundo amor e gratidão a Ele em seus corações. Do coração que se tornou lindo através da cultivação humana, sai o aroma que pode comover o Pai.

Os filhos de Deus que tem o dever de louvá-lo na terra terão muitas chances de glorificá-lo com seus louvores no céu também. Se um líder de louvor vai para a Nova Jerusalém, ele ou ela pode se apresentar no hall de apresentações parecido com o Opera House. As apresentações feitas lá são emitidas às vezes a todas as habitações celestiais e, portanto, estar naquele palco já é uma grande honra.

Uma ponte de nuvem com as cores do arco-íris

O Rio da Água da Vida, brilhando como a prata, flui, através e ao redor de todo o castelo. Com origem no trono de Deus, ele flui ao redor dos castelos do Senhor e do Espírito Santo, Nova Jerusalém, Terceiro, Segundo e Primeiro Reinos dos Céus, Paraíso e depois retorna para o trono de Deus.

As pessoas, enquanto sentam sobre as areis douradas e prateadas das margens do Rio, conversam com os peixes de várias cores. Há praias douradas e nelas se encontram árvores de vida. Ao sentar nas praias douradas e olhar para os apetitosos frutos, só de você pensar: 'Ah, aquelas frutas perecem deliciosas!', anjos vêm servi-lo com uma cesta de flores.

Há também lindas pontes de nuvens em forma de arco aos arredores do Rio da Água da Vida. Andar sobre elas, que possuem as cores do arco-íris, e olhar para o Rio que flui abaixo, faz-nos sentir como se estivéssemos voando ou caminhando na água.

Quando você cruza o Rio da Água da Vida, há um outro jardim com muitos tipos de flores e um gramado dourado onde dá para sentir algo diferente, comparando quando estava no jardim anterior.

Um parque de diversões e uma rua de flores

Ao cruzar a Ponte de nuvens, há um parque de diversões que

possui vários tipos de brinquedos que você nunca viu, ouviu, ou imaginou; mesmo nos melhores parques do mundo, como a Disneylândia.

Trens feitos de cristal passam por todo o parque, um navio-pirata temático feito de ouro e pedras preciosas vai para frente e para trás, um carrossel roda em um alegre ritmo, e uma Grande montanha-russa entusiasma quem dá uma Volta nela. Sempre que esses brinquedos se movem, eles emitem luzes de múltiplas cores e o simples fato de estar lá já nos deixa estarrecidos.

De um dos lados de fora, há uma rua sem fim, que é toda coberta de flores para que você caminhe sobre elas. O corpo celestial é tão leve que você não consegue sentir seu peso; o que faz com que as flores não sejam esmagadas. Quando você caminha sobre a imensa rua Florida sentindo os maravilhosos aromas exalados por elas, as flores fecham suas pétalas como se estivessem tímidas e fazem então uma onda ao abrirem-nas amplamente. Esse é uma maneira especial de elas darem boas-vindas e cumprimentarem quem as visita. Nos contos de fada, as flores possuem rostos e podem conversar – e o mesmo acontece no céu.

Você ficará profundamente maravilhado ao caminhar sobre as flores e desfrutar de seus cheiros. Elas, por sua vez, se sentem felizes e lhe a agradecem à medida que caminha sobre e por elas. Ao pisar sobre elas, ela exalam mais e mais perfumes. Cada flor tem um diferente e os perfumes são misturados de forma diferente a cada passo, de modo que você possa ter diferentes sensações enquanto caminha. As ruas floridas são encontradas aqui e Ali adicionando ainda mais beleza a essa casa celestial. A Casa dessa única pessoa é enorme e parece sem limitações. Possui todos os tipos de acomodações e caprichos.

Uma Grande planície onde animais brincam em paz

Logo perto das ruas de flores há uma grande e ampla planície com muitos animais que você pôde ver na terra. É claro que você pode ver muitos outros animais em outros lugares, mas quase todos estão aqui, com exceção daqueles que se levantaram contra Deus como os dragões. O cenário diante dos seus olhos lembra-lhe a vasta Savana Africana, e esses animais não saem de sua área mesmo não havendo cercas. São maiores que os que vemos na terra e possuem cores mais claras e brilhantes. A lei da selva não se aplica a eles.

Todos os animais são mansos; até mesmo os leões, também conhecidos como "reis das feras", não são agressivos, mas mansos e com amáveis pelos dourados. Além disso, no céu, você pode andar livremente em meios os animais. Imagine só desfrutar da imensa beleza da natureza correndo pela ampla planície juntamente com leões e elefantes. Isso não é algo só para os contos de fada, mas um privilégio real dado àqueles que são salvos e conquistam o céu.

Um chalé privado e uma cadeira de ouro para descanso

Uma vez que a Casa dessa pessoa é uma Grande atração turística no céu para muitos desfrutarem, Deus a deu um chalé especialmente para uso privado. Este se encontra sobre um pequeno monte e possui uma linda vista e decoração. Ninguém pode entrar ali, pois é privado. É um lugar para a pessoa descansar ou receber profetas como Elias, Enoque, Abraão e Moisés.

Há também um outro chalé, feito de cristal, e, diferentemente das outras edificações, é extremamente claro e transparente. Ainda assim, você não consegue ver o lado de dentro estando do lado de fora e sua entrada é ilimitada. No topo do telhado deste chalé, há uma cadeira de ouro. Quando a pessoa (o proprietário) senta ali, ela pode ver toda a casa de uma só vez, ultrapassando barreiras de tempo e espaço. Deus a fez especialmente para o proprietário para que ele possa se alegrar ao ver tantas pessoas visitando sua casa; ou simplesmente para que ele possa descansar.

O Monte das lembranças e a rua da contemplação

A rua da contemplação, onde árvores da vida se enfileiram pelos seus dois lados, é tão calma que dá a sensação de como se o tempo estivesse parado. Quando o proprietário dá cada passo, a Paz vem de do fundo do seu coração e ele é lembrado das coisas que passou sobre a terra. Se ele pensa no Sol, na lua e nas estrelas, uma tela redonda em uma fina camada, é colocada em sua frente, sobre sua cabeça, e tudo isso começa a aparecer nela.

No céu a luz do Sol, da lua e das estrelas é desnecessária já que todo o lugar é inteiramente iluminado pela glória de Deus. No entanto, a tela é fornecida separadamente e tem como objetivo fazer a pessoa pensar nas coisas que passou na terra.

Há também um lugar chamado "Monte das lembranças", que

171

forma uma Grande Vila. É aí o lugar onde o proprietário pode refazer sua vida na terra, e suas lembranças são então coletadas. A casa onde nasceu, as escolas que freqüentou, cidades onde viveu, os lugares onde enfrentou provações, e o lugar onde se encontrou com Deus pela primeira vez, e os santuários que construiu depois de se tornar um ministro são todos colocados aqui em ordem cronológica.

Apesar de os materiais serem, obviamente, diferentes dos encontrados na terra, as coisas de sua vida terrena são replicadas precisamente para que as pessoas possam ter uma idéia de como ela foi. Quão maravilhoso o amor gentil e delicado de Deus é!

Cachoeiras e um oceano com ilhas

Enquanto caminha pela rua da contemplação, você pode ouvir um som alto e claro que vem de longe. É o som da cachoeira de muitas cores. À medida que suas águas vão caindo, lindas pedras preciosas do fundo de sua piscina natural brilham abundantemente. A vista que você tem ao ver as águas dessa cachoeira descendo por seus três níveis do topo abaixo e fluindo para o Rio da Água da Vida é simplesmente magnífica. Há, inclusive, pedras que possuem um brilho em dobro ou em triplo, nos dois lados da cachoeira, e com o bater da água, raios maravilhosos de luz são emitidos. Só de olhar para ela você é energizado e refrescado.

No topo da cachoeira há um pavilhão do qual as pessoas podem ter uma excelente vista e descansar. Dali, você pode ver a casa celestial como um todo, e essa visão é tão grande e linda que não pode ser descrita adequadamente com palavras terrenas. Atrás do castelo há um enorme oceano com ilhas de diferentes tamanhos. Suas claras águas brilham intensamente, como se houvesse pedras preciosas flutuando sobre ele. Ver os peixes nadando é lindo, e surpreendentemente, lindas casas verdes de jade são construídas debaixo d'água.

Entretanto, uma vez que o céu está no mundo tetra-dimensional no qual tudo é possível, há inúmeras coisas que não conseguimos entender ou imaginar que existam.

Um cruzeiro gigante como o *Titanic* e um barco de cristal

As ilhas no mar possuem muitos tipos de flores, pássaros cantantes, e pedras preciosas para complementarem seus lindos cenários. Nelas, competições de canoagem ou de surfe são organizadas para atraírem grandes quantidades de cidadãos celestiais. Há um navio como o *Titanic* no mar calmo, com muitas acomodações e recreações como piscinas, teatros, e halls de banquete. Além disso, quando você está em um barco transparente que é feito de cristal, você se sente como se estivesse caminhando sobre o oceano e ainda vê a beleza de dentro dele através de um submarino esférico.

Quão felizes ficaríamos com o fato de estarmos em um navio como o *Titanic*, em um barco de cristal, ou em um submarino esférico em apenas um dia, pelo menos! Contudo, uma vez que o céu é um lugar eterno, você poderá desfrutar de todas essas coisas para sempre se tiver as qualificações para entrar na Nova Jerusalém.

Muitas instalações desportivas e para recreações

Há também instalações desportivas e para recreações, como campos de golfe, pistas de boliche, piscinas, quadras de tênis, vôlei, basquete, e assim por diante. Estas são dadas como recompensas porque o proprietário poderia ter desfrutado de esportes na terra, mas não o fez por amor ao reino de Deus e gastou seus dias apenas para Ele.

Na pista de boliche, que é feita de ouro e pedras preciosas na forma de um pino de boliche, a bola e os pinos são todos de ouro e pedras preciosas. As pessoas jogam em grupos de três a cinco e se divertem jogando umas com as outras. A bola não pesa muito como a da terra e assim, desliza pela pista já com um leve impulso. Quando ela bate nos pinos, luzes brilhantes e lindas são emitidas.

No campo de golfe construído sobre um gramado dourado, a grama se acomoda automaticamente formando ondas douradas de modo a guiar a bola durante os jogos. Na Nova Jerusalém, até mesmo o gramado obedece ao coração de seu mestre. Depois de acertar o buraco, um pedaço de nuvem vai para perto dos pés do mestre e o leva para outro campo. Quão incrível e maravilhoso é tudo isso!

As pessoas se divertem muito na piscina também. Uma vez que ninguém se afoga no céu, mesmo aqueles que não sabiam nadar na terra podem nadar no céu naturalmente. A água não molha as roupas mas escorrega sobre ela como que em uma folha. Todos podem nadar a qualquer hora e não precisam trocar de roupa para tal.

Lagos de vários tamanhos e chafarizes nos jardins

Há muitos lagos e de vários tamanhos na grande casa celestial. Quando os peixes de diversas cores balançam suas barbatanas, como se estivessem dançando para agradar os filhos de Deus, parece que estão confessando seu amor em alta voz. Você também pode ver os peixes mudando de cor. Um peixe que balança sua barbatana prata, de repente muda sua cor para pérola.

Há também vários jardins e cada um deles possui um nome, de acordo com sua beleza e características. A beleza é tanta que não consegue ser descrita efetivamente com palavras humanas, já que o toque de Deus está até mesmo em cada folha.

Os chafarizes também variam de acordo com as características de cada jardim. Em geral eles atiram água para cima, mas há também aqueles que emitem luzes de várias cores e vários cheiros. Existem cheiros novos e diferentes, os quais você nunca sentiu na terra, como o cheiro da persistência exalado pela pérola, o aroma do empenho e paixão do sárdio, o do auto-sacrifício ou fidelidade, e muitos outros. No centro dos chafarizes que jogam água para cima existem inscrições e desenhos que explicam os significados de cada um deles e por que foram criados.

Além do mais, há muitas outras edificações e lugares especiais nessa casa-castelo, e é realmente uma pena que suas instalações não possam ser descritas detalhadamente. O que é importante é que nada é dado sem razão, mas sim como recompensa, segundo o quanto cada um trabalhou para o reino de Deus e sua justiça na terra.

175

Grande é a sua recompensa no céu

Até agora você deve ter notado que essa casa celestial é realmente imensa de se imaginar. O grande castelo com completa privacidade é construído no centro com instalações e muitas outras edificações ao seu redor em meio aos jardins – essa casa é como um ponto turístico do céu. Você provavelmente não pode evitar ficar muito surpreso, pois essa casa é de um tamanho inimaginável, preparada por Deus para uma pessoa cultivada nesta terra.

Qual é, pois, a razão pela qual Deus preparou uma casa celestial tão grande como uma cidade? Olhemos para Mateus 5:11-12:

> *Bem-aventurados serão vocês quando, por minha causa, os insultarem, os perseguirem e levantarem todo tipo de calúnia contra vocês. Alegrem-se e regozijem-se, porque grande é a sua recompensa nos céus, pois da mesma forma perseguiram os profetas que viveram antes de vocês.*

Quanto Paulo sofreu para realizar o reino de Deus? Ele sofreu provações e perseguições que não cabem em palavras, tudo por pregar Jesus, o Salvador dos Gentios. Podemos ver que ele trabalhou duro pelo reino de Deus de 2 Coríntios 11:23 em diante. Paulo foi aprisionado, espancado ou exposto à morte muitas vezes, enquanto pregava o evangelho.

Ainda assim, Paulo nunca reclamou ou ficou ressentido com

nada, mas se regozijou e se alegrou, já que a Palavra de Deus direcionava sua vida. Depois de tudo, a porta da missão mundial pelos gentios foi aberta através dele. Portanto, ele, naturalmente, entrou na Nova Jerusalém e veio a possuir a honra que brilha como o sol ali.

Deus ama muito aqueles que trabalham arduamente e são fiéis a ponto de sacrificar suas próprias vidas, e os abençoa com muitas coisas no céu.

A Cidade de Nova Jerusalém não é reservada para nenhuma pessoa em particular, mas para qualquer um que santificar seu coração e refletir o coração de Deus, cumprindo seu dever apaixonadamente na terra.

Oro, em nome do Senhor Jesus Cristo, para que você possa refletir o coração de Deus, através de fervorosas orações e da Palavra de Deus, e cumprir seus deveres de forma completa, para que assim você possa entrar na Nova Jerusalém e confessar em lágrimas: "Sou intensamente grato pelo grande amor do Pai."

Capítulo 9

O Primeiro Banquete na Nova Jerusalém

Todo aquele que desobedecer
a um desses mandamentos,
ainda que dos menores,
e ensinar os outros a fazerem o mesmo,
será chamado menor no Reino dos céus;
mas todo aquele que praticar e ensinar
estes mandamentos será chamado grande no
Reino dos céus.

- Mateus 5:19

Toda a Cidade de Nova Jerusalém aloja o trono de Deus e, dentre inúmeras pessoas que são cultivadas na terra, há aquelas cujos corações são limpos e puros como cristal. A vida ali com Deus Trindade é cheia de amor, emoção, felicidade e alegria inimagináveis. As pessoas desfrutam de uma felicidade sem fim, indo a cultos de louvor e adoração assim como a banquetes, tendo conversas prazerosas umas com as outras.

Se você vai a um banquete na Nova Jerusalém, realizado pelo próprio Deus Pai, você pode assistir a performances e compartilhar amor com inúmeras pessoas de diferentes lares celestiais do céu.

Deus Trindade se regozija e sente-se feliz com seus amados filhos. Ele me revelou que a vida em Nova Jerusalém é cheia de emoções, que hoje vão além do nosso entendimento. A razão pela qual pude superar o mal com a bondade e amar meus inimigos, mesmo quando estava sofrendo sem nenhum motivo, é porque meu coração está cheio de esperança pela Cidade.

Agora, pois, exploremos o quão lindo e abençoador é "refletir o coração de Deus", que é claro e lindo como cristal, com a cena do primeiro banquete a ser realizado em Nova Jerusalém como exemplo.

Espero que você possa sentir profunda emoção e felicidade quando ler sobre o primeiro banquete que acontecerá na Cidade de Nova Jerusalém.

O Primeiro Banquete na Nova Jerusalém

Assim como na terra, há banquetes no céu, e através destes podemos assimilar um pouco mais da alegria da vida celestial. Trata-se de nobres lugares onde podemos ver a riqueza e a beleza do céu de uma só vez e desfrutar delas. Assim como as pessoas na terra se preparam com as mais lindas roupas e acessórios, comem, bebem e desfrutam das melhores refeições em um banquete realizado pelo presidente de um país, quando um banquete acontece no céu, ele é cheio de lindas danças, cantorias e felicidade.

Um lindo som de louvor vindo do "hall"

O hall do banquete de Nova Jerusalém é extremamente grande. Ao passar pela entrada e entrar neste cômodo, no qual não se consegue ver a outra extremidade, uma linda música celestial adiciona emoções ainda mais fortes que as que já estão sendo sentidas no momento.

Maravilhosa é a luz
Que era antes de os tempos começarem.
Ela ilumina tudo
Como aquela luz original.
Deu luz aos Seus Filhos
E fez os anjos.

Grande é a sua glória
Acima da terra e do céu
Magnífica é.
Linda é a sua graça
Que deu abertamente
E criou o mundo
Louvai Sua grande glória com pequenos lábios.
Louvai ao Senhor
Que recebe o louvor e se regozija.
Exaltai Seu santo nome
E louvai-O para sempre.
Sua luz é maravilhosa
E digna de ser louvada.

O claro e elegante som da música derrete em nosso espírito dando-nos o gozo e a paz que um bebê sente, quando no busto de sua mãe.

O grande portão do "hall" de banquete tem a cor de pedras preciosas brancas e é adornado com flores celestiais de várias cores e formas organizadas em um lindo padrão. Você pode ver que Deus Pai preparou das menores às maiores coisas, dando atenção aos mais minuciosos detalhes de cada canto da Nova Jerusalém em Seu doce amor por Seus filhos.

Passando pelo portão com a cor de pedras preciosas brancas

Inúmeras pessoas entram, por uma fila, pelo belo e grande portão do "hall" de banquete. Neste, aqueles que vivem na Cidade entram primeiro. Eles usam coroas de ouro maiores que outras de outros lares e emitem luzes suaves e bonitas. As pessoas vestem vestidos brancos com luzes brilhantes. Seu tecido é tão macio como a seda, e eles balançam para frente e para trás.

As vestes, decoradas com ouro e muitos tipos de pedras preciosas e com bordados também em pedras na gola e nas mangas, são segundo a recompensa de cada um. A beleza e nobreza dos habitantes da Nova Jerusalém se diferenciam completamente das dos outros habitantes de outras áreas do céu.

Diferentemente das pessoas de Nova Jerusalém, habitantes de outros lugares celestiais devem passar por um processo, para participar do banquete na Cidade. As pessoas do Terceiro, Segundo, Primeiro Céus e Paraíso têm de trocar suas roupas, colocando vestes especiais para irem ao banquete. Uma vez que a luz dos corpos celestiais também se difere uma da outra, dependendo de onde a pessoa habita, elas têm de pegar roupas emprestadas para visitar lugares celestiais de níveis mais altos que o seu.

É por isso que há um lugar que é separado somente para se trocar de roupa. Existem muitas vestiduras para se ir à Nova Jerusalém e os anjos ajudam as pessoas a se vestir. No entanto, aqueles que são do Paraíso, apesar de serem poucos, têm de mudar suas vestes por conta própria. Ao trocá-las, tais pessoas são profundamente comovidas pela glória destas roupas e ainda sentem muito por estar usando vestes que não são dignas de vestir usualmente.

As pessoas do Terceiro, Segundo, Primeiro Reinos do Céus e Paraíso têm de trocar suas roupas e mostrar seus convites aos anjos na entrada do "hall" de banquete, para entrar.

O grande e iluminado "hall" de banquete

Quando os anjos o levam ao "hall" de banquete, você não consegue deixar de ficar maravilhado com as luzes brilhantes, a grandeza e a magnificência do hall de banquete. O piso brilha com cores de jóias brancas, sem nenhuma mancha ou defeito, possui muitos pilares redondos claros como o vidro. A decoração é feita com muitos tipos de pedras preciosas, a fim de se criar uma beleza única. Cada pilar é enfeitado com um ramo de flores, adicionando um toque especial ao banquete.

Quão feliz e deslumbrante será, se você for convidado para

o salão do baile, feito de mármore branco brilhante como o cristal! E quão mais lindo e maravilhoso será o "hall" de banquete celestial que é feito de muitos tipos de jóias celestes!

Em frente ao "hall" de banquete da Nova Jerusalém, há também dois palcos que lhe dão um sentimento solene de como se estivesse voltando no tempo e presenciando uma cerimônia de coroação de um imperador. No centro do palco mais alto, há um grande trono branco para Deus Pai. À sua direita está o trono do Senhor e à sua esquerda está o trono do convidado de honra do primeiro banquete. Esses tronos são rodeados por brilhantes luzes e são muito altos e magníficos. No trono mais baixo, assentos para os profetas estão organizados de acordo com a categoria celestial de cada um, a fim de expressar a majestade de Deus Pai.

Esse "hall" de banquete é grande o suficiente para receber inúmeros cidadãos celestiais, tantos quantos forem convidados. Ao seu lado há uma orquestra celestial, cujo regente é um arcanjo, que toca músicas celestiais para oferecer ainda mais alegria e felicidade, não apenas ao banquete, mas também antes de seu início.

Anjos mostrando-lhe onde sentar

Aqueles que entram no "hall" de banquete são acomodados por anjos em seus lugares pré-designados. As pessoas de Nova Jerusalém se sentam na frente, logo depois vêm as do Terceiro, Segundo e Primeiro Reinos e Paraíso, respectivamente.

Aqueles que são do Terceiro Reino também usam coroas,

mas totalmente diferentes das coroas dos habitantes de Nova Jerusalém e ainda têm de colocar uma marca redonda nelas, a fim de assegurar que não são da Cidade. Aqueles que são do Segundo e Primeiro Reinos devem colocar a marca redonda no lado esquerdo de seu peito, para que possam ser diferenciados das pessoas do Terceiro Reino. As pessoas do Segundo e Primeiro Reinos também usam coroas, mas as do Paraíso não.

Aqueles que são convidados à Nova Jerusalém para o banquete tomam seus lugares e, agitados, esperam pela entrada de Deus Pai, o anfitrião, sempre arrumando suas roupas ou coisas parecidas. Quando o trompete anuncia a entrada do Pai, todos se levantam para recebê-Lo. Neste momento, aqueles que não são convidados podem participar parcialmente do evento, assistindo a transmissões "televisivas" simultâneas, instaladas em seus lares.

O Pai entra ao som do trompete

Ao som de um trompete, muitos arcanjos que fazem escolta em Deus Pai entrarão primeiro e então virão os amados patriarcas da fé. Agora todos e tudo estão prontos para receber Deus Pai. As pessoas assistindo a essa cena se tornam ainda mais ansiosas para ver o Pai e o Senhor, fixando os olhos na entrada.

Finalmente, com brilhantes e gloriosos raios de luz, Deus Pai entra. Sua aparência é grande e digna, mas ao mesmo tempo é muito gentil e santa. Seu suave cabelo ondulado brilha douradamente e luzes brilhantes saem de seu rosto e corpo, impossibilitando as pessoas de abrir completamente seus olhos.

Quando Deus Pai vai ao trono, os anjos e hostes celestiais,

os profetas que esperavam no palco e todas as pessoas no "hall" de banquete curvam suas cabeças em adoração a Ele. Grande é a honra de poder ver Deus Pai, o Criador e Governador de todas as coisas, pessoalmente, como uma criatura. Quão alegre e comovente isso é! Entretanto, nem todos os convidados podem vê-Lo. As pessoas do Paraíso, Primeiro e Segundo Céus não podem levantar seus rostos por causa da intensa luz. Elas apenas derramam lágrimas de alegria e emoção, em gratidão pelo fato de estarem participando desse banquete.

O Senhor apresenta o convidado de honra

Depois de Deus Pai sentar em Seu trono, o Senhor entra e é guiado por um lindo e elegante arcanjo. Ele está vestindo uma alta e esplêndida coroa brilhante e longo manto branco. Ele expressa dignidade e é cheio de magnificência. O Senhor se curva diante de Deus Pai, primeiro, por ser educado e receber a adoração dos anjos, profetas e de todas as outras pessoas, e sorri para elas. Deus Pai, sentado no trono, se agrada ao olhar para todas as pessoas no banquete.

O Senhor vai a um pódio e então apresenta o convidado de honra do primeiro banquete. Em detalhes, conta tudo sobre o seu ministério, que ajuda a consumar a cultivação humana e algumas pessoas se perguntam quem será tal convidado. Quem já o sabe, ainda presta atenção ao que o Senhor está dizendo com grandes expectativas.

Finalmente, o Senhor termina suas colocações, explicando como esse homem amou a Deus Pai, o quanto tentou salvar muitas almas e como realizou completamente a vontade de Deus. Então, Deus Pai se enche de alegria, se levanta e recebe o convidado de honra do primeiro banquete, como um pai dando boas-vindas ao retorno bem-sucedido de seu filho, ou como um rei recebendo um general. No banquete cheio de expectativas, o trompete soa mais uma vez e o convidado então entra, brilhando em luz.

Ele está usando uma alta coroa e um longo manto branco como o do Senhor. Ele também expressa dignidade, mas as pessoas também podem sentir suavidade e compaixão em seu rosto – que reflete o de Deus Pai.

Apresento meu querido filho a vocês

Quando o convidado de honra do primeiro banquete entra, as pessoas se levantam e começam a levantar suas mãos, de modo a formar como se fosse uma onda. Elas se viram e se regozijam, abraçando umas às outras. No final de uma partida de Copa do Mundo, por exemplo, quando a bola entra no gol e traz a vitória a um time, todas as pessoas do país vencedor, seja no estádio ou em casa, se saúdam abraçando umas às outras, trocando " toques aqui", e assim por diante. Semelhantemente, o "hall" de banquete também será cheio de saudações e alegrias.

Aquele que é apresentado pelo Senhor vai até Deus Pai primeiro, cumprimenta-O em respeito, Deus Pai o abraça e então o Senhor o abraça também.

Agora Deus Pai diz: "Apresento meu querido filho a vocês" e apresenta o convidado de honra do primeiro banquete mais uma vez. A esse ponto, não apenas as pessoas no "hall" de banquete, mas também as que dele participam através de telas, curvam suas cabeças para reverenciá-lo.

Depois, Deus Pai se senta no trono novamente e o Senhor e o convidado de honra se sentam em seus respectivos lugares também. Agora todos os olhos estão sobre este novamente. Ao olhar para ele com uma coração profundamente satisfeito, Deus Pai lhe diz:

Meu filho!
Estou satisfeito e muito feliz
Desde que voltou para mim
Depois de cumprir o dever
Que lhe dei
Agora, pois, fique aqui
E esteja comigo para sempre.

Estou tão feliz! Comece, o alegre banquete!

Ao olhar para o salão cheio de Seus filhos, Deus Pai diz: "Estou tão feliz e satisfeito! Comece, alegre banquete!" Imediatamente, músicas celestiais são intensificadas e performances de lindos anjos cantando e dançando começam a ser apresentadas no palco. Os anjos que tocam instrumentos e outros que dançam se apresentam lindamente, colocando-se às vezes em círculos ou em outros padrões, ou saltando cuidadosamente. Sua dança é elegante com músicas mais lentas e alegre com músicas do tipo.

Até mesmo nesta terra as pessoas se maravilham com

lindas performances no Carnegie Hall em Nova Iorque ou na Opera House de Sydney. Você pode imaginar quão mais belas e comoventes serão as apresentações celestiais, preparadas especialmente para o banquete oferecido por Deus?

Aqueles que participam do primeiro banquete da Nova Jerusalém são servidos por anjos. Eles se sentam em mesas redondas, com seus irmãos e irmãs na fé, com os quais trabalharam juntos na terra, e têm prazerosos diálogos. Todos desfrutam de bebidas, cumprimentam os patriarcas da fé, os quais ansiavam conhecer, e assistem a um momento especial das performances: louvores e danças com muita emoção daqueles que trabalharam com o convidado de honra na terra.

Isso é uma festa surpresa que Deus Pai preparou. Então todos – o Senhor, o convidado de honra e todos que estão participando do banquete – se alegram. O Deus do amor nos recompensa com honra e glória inexpressáveis, até mesmo pela menor coisa que fizemos na terra, e o céu preparado para nós por Ele é cheio de glória.

Profetas de Primeira Categoria do Céu

O que, então, temos de fazer, especificamente, a fim de ser habitantes da Nova Jerusalém e ir ao primeiro banquete? Não somente temos de aceitar Jesus Cristo e receber o Espírito Santo como um dom, mas também colher os nove frutos do Espírito Santo e nos assemelhar ao coração de Deus, que é claro e lindo como cristal. No céu, a ordem é decidida pelo tanto que somos santificados e nos assemelhamos ou refletimos o coração de Deus. Assim, mesmo no primeiro banquete na Nova Jerusalém, os profetas entram de acordo com a categoria celestial, quando Deus Pai entra no "hall". Os maiores profetas ou os patriarcas da fé estão na mais alta categoria e mais perto podem ficar do trono de Deus. Semelhantemente, uma vez que o céu é governado por categorias, sabemos que temos de nos assemelhar ao coração de Deus e nos aproximar do Pai.

Agora, pois, consideremos o tipo de coração que é claro e lindo como cristal como o coração de Deus, e como podemos refleti-lo completamente através de vidas como a dos profetas que são de primeira categoria no céu.

Elias foi arrebatado sem conhecer a morte

De todos os seres humanos cultivados na terra, o de maior categoria é Elias. Através da Bíblia você pode ver que todo aspecto da vida de Elias testificou o Deus vivo, o único Deus verdadeiro. Ele foi um profeta no tempo do Rei Acabe, no lado norte do reino de Israel, onde a idolatria era desenfreada. Ele confrontou 850 profetas que adoravam a ídolos e fez fogo descer do céu. Elias também fez descer chuva depois de três anos e meio de seca.

Elias era humano como nós. Ele orou fervorosamente para que não chovesse, e não choveu sobre a terra durante três anos e meio. Orou outra vez, e os céus enviaram chuva, e a terra produziu os seus frutos.

(Tiago 5:17-18).

Através de Elias, um pouco de farinha em uma jarra e um pouco de óleo duraram até que a fome terminasse. Ele ressuscitou o filho morto de uma viúva e dividiu o Rio Jordão. Por fim, foi levado aos céus em um redemoinho (2 Reis 2:11).

Qual é, então, a razão pela qual Elias, que era um ser humano como nós, pôde realizar as obras poderosas de Deus e ter, inclusive, não experimentado a morte? É porque ele alcançou o coração, que é puro e lindo como cristal, e refletiu Deus através de muitas provações durante sua vida. Elias colocou sua confiança completamente em Deus, independentemente da situação que vivia e sempre Lhe obedecia.

Quando Deus lhe ordenou, o profeta foi diante do Rei Acabe, que estava tentando matá-lo, e proclamou que Deus era o único Deus verdadeiro em frente a inúmeras pessoas. É por isso e dessa maneira como ele recebeu o poder de Deus e manifestou Suas obras poderosas, de modo a glorificar grandemente a Ele, que veio a desfrutar de honra e glória para sempre.

Enoque andou com Deus por 300 anos

E o caso de Enoque. Como Elias, Enoque também foi arrebatado aos céus sem experimentar a morte. Apesar de a Bíblia não falar muito sobre ele, podemos ainda sentir o quanto ele se assemelhou ao coração de Deus.

Aos 65 anos, Enoque gerou Matusalém. Depois que

gerou Matusalém, Enoque andou com Deus 300 anos
e gerou outros filhos e filhas. Viveu ao todo 365 anos.
Enoque andou com Deus; e já não foi encontrado, pois
Deus o havia arrebatado. (Gênesis 5:21-24).

Enoque começou a andar com Deus aos 65 anos de idade. Ele era amável aos olhos de Deus porque refletia Seu coração. Deus se comunicou com ele profundamente, andou com ele por 300 anos e o levou vivo para um lugar perto de Si. Aqui, "andar com Deus" significa que Deus está com aquela determinada pessoa em todas as coisas, e Deus estava com Enoque em tudo que fazia durante seus três séculos de vida na terra.

Quando você viaja, de que tipo de pessoa você gosta que o acompanhe? A viagem, com certeza é prazerosa, se você vai com alguém com quem pode compartilhar o que pensa. Da mesma forma, percebemos que Enoque era um com Deus em coração e, portanto, podia andar com Ele.

Uma vez que Deus é luz, bondade e amor em essência, não devemos ter nenhum tipo de escuridão em nós, a fim de andarmos com Deus, mas ser abundantes em amor e bondade. Enoque se mantinha santo, apesar de viver em um mundo pecaminoso, e falava a vontade de Deus para as pessoas (Judas 1:14).

A Bíblia não diz que ele realizou algo grande ou cumpriu um dever especial. No entanto, por Enoque ter temido a Deus profundamente em seu coração, evitado o mal e vivido uma vida santificada, a ponto de ser capaz de andar com Ele, Deus o levou para Si mais rápido para tê-lo mais perto de Sua presença.

Assim sendo, Hebreus 11:5 nos diz: *"Pela fé Enoque foi arrebatado, de modo que não experimentou a morte; 'e já não foi encontrado, porque Deus o havia arrebatado', pois antes de ser arrebatado recebeu testemunho de que tinha agradado a Deus."* Enoque, que possuía o tipo de fé que agradava a Deus, foi abençoado para andar sempre com Ele e foi arrebatado aos céus sem experimentar a morte, tornando-se o segundo maior profeta do céu.

Abraão foi chamado amigo de Deus

Agora, que tipo de coração Abraão tinha, para que fosse chamado amigo de Deus e se tornasse o terceiro maior profeta do céu?

Abraão confiou e obedeceu a Deus completamente. Quando estava deixando sua casa pela ordem de Deus, ele não sabia nem sequer do seu destino; mas, em obediência, deixou sua cidade natal e recursos econômicos. Quando foi ordenado a oferecer seu filho Isaque como oferta, que havia nascido quando Abraão tinha 100 anos, este obedeceu imediatamente. Ele confiou em Deus, que é bom e poderoso, e que podia ressuscitar os mortos.

Abraão também não era egoísta. Um exemplo disso é que, quando as suas posses e a de seu sobrinho ficaram tão grandes, que eles não poderiam mais ficar juntos, Abraão deixou que Ló decidisse primeiro, dizendo: *"Não haja desavença entre mim e você, ou entre os seus pastores e os meus; afinal somos irmãos! Aí está a terra inteira diante de você. Vamos separar-nos. Se você for para a esquerda, irei para a direita; se for para a direita, irei para a esquerda."* (Gênesis 13:8-9).

Em certa ocasião, muitos reis se uniram e invadiram Sodoma e Gomorra e saquearam todos os bens e alimentos juntamente com seu sobrinho Ló, que vivia em Sodoma. Então, Abraão pegou 318 homens, treinou a todos e trouxe de volta os bens e alimentos. O rei de Sodoma queria dar a Abraão alguns dos bens como gratidão, mas ele não aceitou. Abraão fez tudo para provar que suas bênçãos vinham apenas de Deus. Ele obedecia a Deus em fé para a Sua glória, com um coração que era puro e lindo como cristal. É por isso que Deus o abençoou abundantemente, tanto na terra como no céu.

Moisés, o líder do Êxodo

Que tipo de coração Moisés, o líder do Êxodo, tinha, de modo a ter se tornado o quarto maior profeta do céu? Números 12:3 nos diz: *"Ora, Moisés era um homem muito paciente, mais do que qualquer outro que havia na terra."*

Em Judas há uma cena em que o arcanjo Miguel disputa o corpo de Moisés com o mal, e é por isso que Moisés teve as qualificações para ser arrebatado aos céus, sem experimentar a morte. Quando ele era o príncipe do Egito, matou um egípcio que estava batendo em um hebreu. Por essa razão, o mal estava culpando Móisés, dizendo que ele tinha de experimentar a morte.

Contudo, o arcanjo Miguel lutou contra o mal, dizendo que Moisés havia se livrado de todos os pecados e maldade e que tinha as qualificações para ser arrebatado. Em Mateus 17, lemos que Moisés e Elias desceram dos céus para conversar com Jesus.

Daí então podemos inferir o que, afinal, aconteceu com o corpo de Moisés.

Moisés teve de fugir do palácio de Faraó, porque havia assassinado uma pessoa. Então ele passou a ser pastor de ovelhas no deserto e ali ficou por 40 anos. Através das provações nesse lugar, Moisés pôde acabar com seu orgulho, desejos e seu próprio senso de justiça – que tinha desde quando era príncipe no palácio do Faraó. Só depois disso tudo é que Deus lhe designou a tarefa de levar os israelitas para fora do Egito.

Agora Moisés, que havia uma vez na vida matado uma pessoa e fugido, tinha de voltar para o Faraó e tirar os israelitas de sua terra – que eram escravos ali já por 400 anos. Isso parecia impossível de acontecer aos olhos humanos, mas Moisés obedeceu a Deus e foi ter com o Faraó. Ninguém podia ser o líder de milhões de israelitas, tirá-los do Egito e levá-los para Canaã. É por isso que Deus refinou Moisés no deserto por 40 anos e fê-lo ser excelente vaso que seria capaz de compreender e resistir aos israelitas. Dessa maneira, Moisés se tornou uma pessoa que podia obedecer a Deus, mesmo se isto lhe custasse a vida e, através de tribulações, ele pôde realizar o dever de levar o povo ao Êxodo. Podemos ver facilmente quão grande Moisés foi na Bíblia.

Assim, Moisés voltou ao SENHOR e disse: "Ah, que grande pecado cometeu este povo! Fizeram para si deuses de ouro. Mas agora, eu te rogo, perdoa-lhes o pecado; se não, risca-me do teu livro que escreveste." (Êxodo 32:31-32).

Moisés sabia bem que manchar seu nome no livro do SENHOR não significava mera morte física. Sabendo bem que aqueles, cujos nomes não fossem escritos no Livro da Vida, seriam jogados no fogo do inferno – morte eterna – e sofreriam para sempre, Moisés ainda se ofereceu para ter morte eterna, em favor do perdão dos pecados daquele povo.

O que Deus pode ter sentido ao olhar para Moisés? Ele se agradou muito dele, já que era capaz de entender profundamente o Seu coração: odiava o pecado, mas, ainda assim, queria salvar os pecadores. Deus então respondeu à sua oração e considerou Moisés como o mais precioso dos israelitas, uma vez que tinha um coração que era justo aos Seus olhos e puro e claro como a água da vida, originada em Seu trono.

Se você vir um diamante do tamanho de um feijão sem mácula alguma e centenas de pedras do tamanho de um punho, qual deles considerará mais precioso? Ninguém trocaria uma pedrinha de diamante por pedras ordinárias.

Logo, percebendo o fato de que o valor de Moisés, sozinho, que alcançou o coração de Deus em si, era maior do que o valor de todas as pessoas de Israel juntas, devemos querer, ainda mais, alcançar corações que são lindos e puros como cristal.

Paulo: o apóstolo dos gentios

O quinto maior profeta no céu é o apóstolo Paulo, que dedicou sua vida à evangelização dos gentios. Apesar de ter sido fiel ao reino de Deus até a morte e com muita paixão, ele sempre se sentia um pouco culpado por outrora já ter perseguido crentes em Jesus Cristo, antes de aceitá-Lo. É por isso que ele confessou em 1 Coríntios 15:9: *"Pois sou o menor dos apóstolos e nem sequer mereço ser chamado apóstolo, porque persegui a igreja de Deus."* Entretanto, uma vez que ele foi um excelente vaso, Deus o escolheu e o usou como o apóstolo para os gentios. 2 Coríntios 11:23 em diante explica detalhadamente muitas tribulações pelas quais Paulo passou, enquanto pregava o evangelho. Podemos ver que ele sofreu tanto, que chegou até mesmo a perder esperanças de vida. Foi açoitado, encarcerado e exposto à morte repetidas vezes. Cinco vezes recebeu dos judeus trinta e nove açoites. Três vezes foi golpeado com varas, uma vez apedrejado, três vezes sofreu naufrágio, passou uma noite e um dia exposto à fúria do mar. Esteve continuamente viajando de uma parte à outra, enfrentou perigos nos rios, perigos de assaltantes, perigos dos seus compatriotas, perigos dos gentios, perigos na cidade, perigos no deserto, perigos no mar e perigos dos falsos irmãos. Trabalhou arduamente, muitas vezes ficou sem dormir, passou fome e sede e, muitas vezes, ficou em jejum, suportou frio e nudez (2 Coríntios 11:23-27).

Paulo sofreu tanto que confessou em 1 Coríntios 4:9: *"Porque me parece que Deus nos colocou a nós, os apóstolos, em último lugar, como condenados à morte. Viemos a ser um espetáculo para o mundo, tanto diante de anjos como de homens."*

Por que, então, Deus permitiu que tantas tribulações e perseguições ocorressem a Paulo, que estava sendo fiel, a ponto de até entregar sua própria vida? Deus podia proteger Paulo das provações, mas Ele queria que ele tivesse um coração que fosse puro e lindo como cristal, através delas. Contudo, o apóstolo Paulo podia receber conforto e alegria somente em Deus, se negar completamente e ter a perfeita forma de Cristo. Agora ele podia confessar em 2 Coríntios 11:28: *"Além disso, enfrento diariamente uma pressão interior, a saber, a minha preocupação com todas as igrejas."*

Ele também confessou em Romanos 9:3: *"Pois eu até desejaria ser amaldiçoado e separado de Cristo, por amor de meus irmãos, os de minha raça..."* Paulo, que tinha o tipo de coração que é puro e lindo como o cristal, pôde, não apenas entrar na Nova Jerusalém, mas também ficar perto do trono de Deus.

Mulheres Virtuosas aos Olhos de Deus

Nós já demos uma olhada no primeiro banquete da Nova Jerusalém. Quando Deus Pai entra no "hall", há uma mulher atrás Dele. Ela está assistindo a Ele com um vestido branco que quase toca o chão e é decorado com muitos tipos de pedras preciosas. Essa mulher é Maria Madalena. Levando as circunstâncias nas quais o papel da mulher na sociedade era limitada naquele tempo, ela não poderia ter feito muito para realizar o reino de Deus, mas por ser uma linda mulher aos olhos de Deus, ela pôde entrar no melhor lugar do céu.

Assim como há hierarquia entre os profetas de acordo com quanto refletem o coração de Deus, as mulheres no céu também possuem uma ordem na qual elas são avaliadas de acordo com o quanto reconheceram e amaram a Deus.

Então, que tipo de vida tais mulheres tiveram para ser consideradas e amadas por Deus e se tornarem pessoas de honra no céu?

Maria Madalena foi a primeira pessoa a ver o Senhor ressuscitado

A mulher mais amada por Deus é Maria Madalena. Por muito tempo havia sido aprisionada pelos poderes das trevas e recebido desprezo e julgamento de outros. Havia sido acometida de várias doenças, até que em um de seus dias difíceis, ouviu as notícias sobre Jesus, preparou um caro perfume e foi ter com Ele. Ela ouvira que Jesus iria à casa de um dos fariseus e foi ali. Nesta, ela não podia ousar chegar diante do Mestre, apesar de sua profunda vontade de fazê-lo. Ela então chegou por trás de Jesus, lavou seus pés com lágrimas, secou com seus cabelos e quebrou o vaso, derramando o caro perfume sobre eles. Ela foi liberta de suas dores e doenças através desse ato de fé e ficou muito grata. A partir daquele momento, ela passou a amar Jesus intensamente e O seguiu sempre, aonde quer que fosse. Maria Madalena tornou-se, assim, uma mulher virtuosa, linda aos olhos de Deus. Ela devotou toda a sua vida a Ele (Lucas 8:1-3).

Ela seguiu Jesus, mesmo quando Ele foi crucificado, e foi além do nível de meramente retribuir a graça que havia recebido, mas seguiu Jesus, devotando tudo a Ele, inclusive sua vida.

Maria Madalena, que amou tanto a Jesus, veio a ser a primeira pessoa a encontrá-Lo depois de Sua ressurreição. Ela tornou-se a maior mulher da história da espécie humana por ter tido tão bom coração e lindas obras que puderam tocar até mesmo a Deus.

A Virgem Maria foi abençoada para dar luz a Jesus

A segunda, dentre as mais lindas mulheres, segundo os olhos de Deus, é a Virgem Maria, que foi abençoada de modo a conceber Jesus, que Se tornou o Salvador da humanidade. Há mais ou menos 2.000 anos atrás, Jesus tinha de vir em carne, a fim de redimir todos os homens de seus pecados. Para que isso fosse cumprido, uma mulher apropriada aos olhos de Deus teria de ser usada, e Maria, que naquele tempo era noiva de José, foi escolhida. Deus fê-la saber antecipadamente através do arcanjo Gabriel que ela iria conceber Jesus pelo Espírito Santo. Maria não se deixou influenciar por nenhum pensamento humano, mas ao invés disso, confessou: *"Sou serva do Senhor; que aconteça comigo conforme a tua palavra."* (Lucas 1:38).

Se uma mulher solteira ficasse grávida naquela época, ela não apenas tinha de ser humilhada em público, mas também apedrejada, de acordo com a Lei de Moisés. Entretanto, Maria cria no fundo de seu coração, que nada era impossível para Deus e pediu que fosse feito o que tinha de ser feito. Ela tinha um coração bom o bastante para obedecer à Palavra de Deus, mesmo se isso fosse custar-lhe sua própria vida. Quão feliz e gratificante ela deve ter sido, quando deu à luz a Jesus ou quando O ia vendo crescer no poder de Deus! Grande bênção para com Maria – uma mera criatura.

É por isso que ela ficava tão feliz só de olhar para Jesus e serviu e O amou mais que sua própria vida. Dessa maneira, a Virgem Maria foi abundantemente abençoada por Deus e recebeu a glória eterna, juntamente com Maria Madalena,,entre todas as mulheres no céu.

Ester não temia nada, quando se tratava de cumprir a vontade de Deus

Ester, que salvou seu povo corajosamente com fé e amor, tornou-se uma linda mulher aos olhos de Deus e alcançou uma das mais honráveis posições no céu.

Depois que o rei da Pérsia, Xerxes, tomou a posição da rainha Vasti, Ester foi selecionada dentre muitas lindas mulheres e se tornou a rainha, mesmo sendo judia. Foi amada pelo rei e por muitas pessoas, porque nem tentou se mostrar, nem ficou cheia de si, mas se ornamentou com pureza e elegância, apesar de já ser muito bonita.

Enquanto isso, enquanto Ester era rainha, os judeus se depararam com uma grande crise. Hamã, o agaguita, que era favorecido pelo rei, irou-se quando um judeu chamado Mardoqueu não se ajoelhou diante dele ou pagou-lhe honra e respeito. Assim, ele armou uma trama para destruir todos os judeus da Pérsia e recebeu a permissão do rei para executá-lo.

Ester jejuou por três dias pelo seu povo e decidiu ir diante do rei (Ester 4:16). Segundo a lei persiânica, qualquer que fosse diante do rei sem ser chamado teria de ser morto, com exceção de quando o rei estendia seu cetro de ouro para a pessoa. Depois dos três dias de jejum, Ester confiou em Deus e foi ter com o rei com sua decisão: *"Se eu tiver que morrer, morrerei."* Como resultado da intervenção de Deus, o próprio Hamã, que tinha conspirado, foi quem morreu. Ester não apenas salvou o seu povo, mas foi também amada ainda mais por seu rei (Xerxes).

Assim, Ester foi considerada como uma mulher virtuosa e alcançou a posição gloriosa no céu, porque foi forte de verdade e teve a coragem de entregar sua própria vida, a fim de cumprir a vontade de Deus.

Rute tinha um coração bom e lindo

Agora, pois, vejamos Rute, que também foi considerada uma mulher virtuosa aos olhos de Deus e se tornou uma das maiores mulheres do céu. Qual era o tipo de coração e obras que ela tinha para agradar a Deus e ser abençoada?

Rute, a moabita, casou-se com um israelita, cuja família tinha se mudado para Moabe devido à fome, mas logo perdeu seu marido. Todos os homens de sua família morreram cedo e então ela estava morando com sua sogra, Naomi, e sua cunhada, Orfa. Naomi, preocupada com o futuro de todas, sugeriu às suas duas noras que voltassem para suas famílias. Orfa foi embora em lágrimas, mas Rute permaneceu com ela, fazendo uma confissão comovente em Rute 1:16-17:

> *Não insistas comigo que te deixe e que não mais te acompanhe. Aonde fores irei, onde ficares, ficarei! O teu povo será o meu povo e o teu Deus será o meu Deus!*

Onde morreres morrerei, e ali serei sepultada. Que o SENHOR me castigue com todo o rigor, se outra coisa que não a morte me separar de ti!

Uma vez que Rute tinha esse tipo de lindo coração, ela nunca pensou em seu próprio benefício, mas seguia sempre e somente a bondade, mesmo se isso fosse prejudica-la. Ela cumpriu seu dever de servir fielmente à sua sogra com alegria. A obra de Rute de servir à sua sogra foi tão bonita que uma vila inteira soube da fidelidade de Rute e a amou. Eventualmente, com a ajuda de sua sogra, ela se casou com um homem chamado Boaz, um homem rico e influente. Então deu à luz a um filho e se tornou a avó do Rei Davi (Rute 4:13-17). Logo, vemos que além de tudo, Rute ainda foi abençoada de forma a poder fazer parte da genealogia de Jesus, mesmo sendo uma gentia (Mateus 1:5-6), e se tornou uma das mulheres mais lindas no céu, junto a Ester.

Maria Madalena Perto do Trono de Deus

Qual é, então, a razão pela qual Deus está nos fazendo saber sobre o primeiro banquete na Nova Jerusalém e a hierarquia das profetisas? O Deus de amor não apenas quer que todos recebam a salvação e alcancem o reino do céu, mas que também possam refletir Seu coração, para que possam ficar perto de Seu trono na Nova Jerusalém.

Para que recebamos a honra de ficar perto do trono de Deus na Nova Jerusalém, nossos corações têm de assemelhar-se ao coração do Pai, que é claro e lindo como cristal. Temos de alcançar o lindo coração, alcançando os doze fundamentos dos muros da Cidade.

Portanto, de agora em diante, nós vamos examinar a vida de Maria Madalena, que está servindo a Deus Pai perto de Seu trono. Enquanto estava orando em relação às "Palestras sobre o Evangelho de João," percebi um importantíssimo detalhe na vida de Maria Madalena pela inspiração do Espírito Santo. Deus me revelou o tipo de família dentro da qual Maria Madalena havia nascido, como viveu e quão feliz foi a vida que pôde desfrutar depois de encontrar Jesus, nosso Salvador. Espero que você siga esse lindo e bom coração que não acusa ninguém, mas assume suas culpas e seu amor de entrega pelo Senhor, para que você também possa ter a honra de ficar perto do trono de Deus.

Ela nasceu dentro de uma família idólatra

Maria Madalena recebeu esse nome porque nasceu em uma vila chamada "Madalena" que era cheia de idolatria. Sua família não era uma exceção; uma maldição tinha caído sobre ela já há muitas gerações, devido ao pecado da idolatria e enfrentava muitos problemas.

Maria Madalena, que nasceu na pior situação espiritual que se pode imaginar, não podia comer direito por causa de um problema de estômago. Além disso, por ser fraca fisicamente, na maior parte de seu tempo, seu corpo era vulnerável a todos os tipos de doenças. Até mesmo seu ciclo menstrual fora afetado. É por isso que ela sempre ficava em sua casa e se renunciava como se não estivesse presente. Entretanto, apesar de desprezada e tratada com frieza, até mesmo pelos membros de sua família, ela nunca reclamou contra eles. Ao invés disso, compreendia-os e tentava ser uma fonte de força para eles, tomando a culpa para si. Quando ela percebeu que não podia fornecer força à sua família, mas só era uma carga para eles, saiu de casa. Isso não foi por raiva ou desgosto de mau tratamento, mas só porque não queria ser um peso para eles.

Tentando sempre fazer o seu melhor e tomando a culpa para si

Maria, então, conheceu um homem e tentou confiar nele, mas ele era muito mau. Ele não tentou dar apoio à sua família, mas sim, entrou no meio das apostas. Ele pedia a Maria Madalena para trazer-lhe mais dinheiro, freqüentemente, gritando ou batendo nela.

Maria Madalena começou a costurar, enquanto procurava por uma fonte mais estável de renda. Contudo, porque estava naturalmente fraca e trabalhava o dia inteiro, ela ficou ainda mais fraca, de modo a ter de apoiar em alguém até mesmo para andar. O homem para quem ela dava maior parte do dinheiro não era sequer grato e só sabia desconsiderá-la e colocá-la para baixo. Maria Madalena não o odiava, mas sempre sentia muito por não poder oferecer uma ajuda maior a ele, por causa de corpo fraco, considerando todo esse mau tratamento razoável.

Enquanto ela estava em uma situação desesperadora, abandonada por seus pais, irmão e aquele homem, ela ouviu ótimas notícias. Ela ouviu falar de Jesus, que operava maravilhas e milagres, como fazer o cego enxergar e o mudo falar. Quando ouviu sobre essas coisas, ela não duvidou de nada, pois seu coração era bom. Maria Madalena teve fé de que sua fraqueza e doenças seriam curadas na primeira vez que encontrasse Jesus.

Ela então passou a ansiar por encontrar-se com Ele. Finalmente, ouviu dizer que Ele viria à sua vila e ficaria na casa de um fariseu chamado Simão.

Derramando perfume com fé

Maria Madalena ficou tão feliz que comprou um perfume caríssimo com todas as suas economias advindas da costura. A emoção que ela deve ter sentido ao encontrar-se com Jesus não pode ser descrita.

As pessoas tentaram impedi-la de se aproximar de Jesus por causa de suas roupas feias, mas ninguém pôde de fato impedir sua paixão. Mesmo com os olhares de desprezo e humilhação das pessoas, Maria Madalena foi diante de Jesus, derramou suas lágrimas e pôde ver Suave expressão.

Ela não podia se atrever a ficar de pé diante de Jesus. Então ela foi por trás Dele e, quando estava a Seus pés, derramou ainda mais lágrimas e lavou Seus pés. Depois, secou-lhes com seus cabelos e quebrou um jarro de perfume para derramá-lo sobre eles, pois para ela, Ele era muito precioso.

Uma vez que Maria Madalena foi diante de Jesus com tanta ansiedade, ela não apenas foi perdoada por seus pecados para alcançar a salvação, mas também obras maravilhosas de cura aconteceram para curar todas as suas doenças interiores e exteriores. Todas as partes de seu corpo começaram a funcionar normalmente de novo e o seu ciclo menstrual voltou à regularidade. Seu rosto, que antes parecia horrível devido às muitas doenças, se encheu de alegria e felicidade e seu corpo, que antes era muito fraco, tornou-se saudável. Ela encontrou seu valou como mulher novamente e foi liberta do poder das trevas.

Seguindo Jesus até o fim

Maria Madalena experimentou algo além da cura, pelo que ela era muito grata. Foi o fato de ela ter encontrado uma pessoa que lhe deu um amor abundante, que ela nunca havia recebido de nenhuma outra pessoa antes. A partir daí, ela dedicou todo o seu tempo e paixão a Jesus com muita alegria e gratidão. Por sua saúde ter sido restaurada, ela pôde dar apoio financeiro a Jesus com sua costura e outros trabalhos, e segui- lo com todo o seu coração.

Maria Madalena não apenas seguiu Jesus, quando ele operava sinais e maravilhas e transformava a vida de muitos com poderosas mensagens, mas também quando Ele sofreu nas mãos dos soldados romanos e carregou a cruz. Até quando Jesus estava na cruz, ela estava lá. Ela foi até ao Gólgota, seguindo Jesus carregando a cruz.

O que ela teria sentido enquanto Jesus, que ela amava tanto, sofria tanta dor e derramava toda a água e sangue de seu corpo?

Senhor, o que devo fazer,

O que devo fazer?
Senhor, como posso viver?
Como poderei viver sem Ti?
Como poderei viver sem Ti, Senhor?

...

Se ao menos eu pudesse derramar o sangue
Que derramas em Teu lugar,
Se ao menos eu pudesse sentir a dor
Que estás sofrendo.

...

Senhor,
Não posso viver sem Ti.
Não posso viver
A menos que esteja contigo.

Maria Madalena não tirou seus olhos de Jesus até o Seu último suspiro e tentou gravar o brilho de Seu olho e Sua face no fundo de seu coração. Ela ficou perto de Jesus até o último momento e seguiu José de Arimatéia, que colocou o corpo dele em um túmulo.

Testemunhando a ressurreição de Jesus

Maria Madalena esperou o sábado passar e, na madrugada do

primeiro dia depois do sábado, ela foi ao túmulo para colocar perfume no corpo de Jesus. Entretanto, ela não pôde achar seu corpo, se entristeceu profundamente, e o Senhor ressurreto apareceu a ela. Foi assim que ela teve a honra de encontrar o Senhor ressurreto, antes de qualquer outra pessoa. Mesmo depois que Jesus morreu na cruz, ela não conseguia crer nesse fato. Jesus era tudo para ela e ela O amava intensamente. Quão feliz ela deve ter ficado quando encontrou o Senhor ressurreto em circunstâncias tão inesperadas! Ela não conseguia deter suas lágrimas de tanta emoção. Inicialmente, ela não reconheceu Jesus, mas quando Ele a chamou "Maria" com uma suave voz, ela então viu que era Ele. Em João 20:17, o Senhor ressurreto lhe diz: *"Não me segure, pois ainda não voltei para o Pai. Vá, porém, a meus irmãos e diga-lhes: Estou voltando para meu Pai e Pai de vocês, para meu Deus e Deus de vocês."* Porque o Senhor também amava tanto a Maria Madalena, Ele apareceu para ela antes de encontrar-Se com o Pai depois da ressurreição.

Anunciando a ressurreição de Jesus

Você consegue imaginar quão incontrolavelmente feliz Maria Madalena dever ter ficado, quando se encontrou com o Senhor ressurreto, a quem ela amava tanto? Ela confessou que queria ficar com Ele para sempre e Ele conhecia o seu coração, mas explicou que ela não iria poder ficar com Ele e deu-lhe uma missão. Ela deveria anunciar a ressurreição de Jesus aos discípulos dele, já que sua mente necessitava ser situada e confortada depois do choque da crucificação de seu Senhor.

Em João 20:18, vemos: *"foi e anunciou aos discípulos: "Eu vi o Senhor!" E contou o que Ele lhe dissera."* O fato de que Maria Madalena tenha testemunhado o Senhor ressurreto antes de qualquer outra pessoa e anunciado tal coisa aos discípulos não foi coincidência. Isso foi resultado de sua devoção e serviço ao Senhor, com amor apaixonado por Ele.

Se Pilatos tivesse pedido que alguém fosse crucificado no lugar de Jesus, ela provavelmente teria sido a primeiro a dizer "sim"; Maria Madalena amava Jesus mais que a si mesma e O servia com completa dedicação.

A honra de servir a Deus Pai

Deus se agradou muito com Maria Madalena, que tinha um coração bom, sem maldade e tinha completo amor espiritual. Maria Madalena amou a Jesus com um coração constante e com amor verdadeiro, desde a primeira vez que O encontrou. Deus Pai, que recebeu o seu lindo e bom coração, queria colocá-la perto Dele e sentir o suave e agradável aroma de seu ser. É por essa razão que, quando o tempo certo chegou, Ele permitiu que ela alcançasse a glória de servi-Lo e até mesmo tocar o Seu trono.

O que Deus Pai mais quer é ganhar filhos verdadeiros com os quais Ele possa compartilhar Seu verdadeiro amor para sempre. É por isso que Ele planejou a cultivação humana, se fez Trindade.

Agora, quando os lares celestiais estiverem todos prontos, o Senhor aparecerá no ar e fará o banquete de casamento com Suas noivas. Então, Ele deixará que governem juntamente com Ele por mil anos e os levará para os lares celestiais. Viveremos com Deus Trindade em maravilhosa e perfeita felicidade e alegria, eternamente no céu, que é claro, puro e lindo como cristal, cheio da glória de Deus. Quão felizes serão aqueles que entrarem na Nova Jerusalém, uma vez que poderão se encontrar com Deus face a face e ficar com Ele para sempre!

Há dois mil anos atrás, Jesus perguntou: *"Contudo, quando o Filho do homem vier, encontrará fé na terra?"* (Lucas 18:8). É muito difícil encontrar fé verdadeira hoje.

O apóstolo Paulo, que liderou a missão de pregar o evangelho aos gentios, escreveu uma carta a Timóteo, seu filho espiritual, que estava sofrendo divisões heréticas e perseguições aos cristãos, pouco antes de sua morte.

Na presença de Deus e de Cristo Jesus, que há de julgar os vivos e os mortos por sua manifestação e por seu Reino, eu o exorto solenemente: Pregue a palavra, esteja preparado a tempo e fora de tempo, repreenda, corrija, exorte com toda a paciência e doutrina. Pois virá o tempo em que não suportarão a sã doutrina; ao contrário, sentindo coceira nos ouvidos, juntarão mestres para si mesmos, segundo os seus próprios desejos. Eles se recusarão a dar ouvidos à verdade, voltando-se para os mitos. Você, porém, seja moderado em tudo, suporte os sofrimentos, faça a obra de um evangelista, cumpra plenamente o seu ministério. Eu já estou sendo derramado como uma oferta de bebida. Está próximo o tempo da minha partida. Combati o bom

combate, terminei a corrida, guardei a fé. Agora me está
reservada a coroa da justiça, que o Senhor, justo Juiz,
me dará naquele dia; e não somente a mim, mas também
a todos os que amam a sua vinda. (2 Timóteo4:1-8).

Se você espera pelo céu e anseia pela segunda vinda do Senhor,
você tem de tentar viver de acordo com a Palavra de Deus e lutar
o bom combate. O apóstolo Paulo sempre se regozijou, apesar de
ter sofrido muito, enquanto espalhava as boas novas.

Portanto, devemos santificar os nossos corações para
cumprir nossos deveres além do esperado, para agradar a Deus e
podermos compartilhar do Seu amor verdadeiro, eternamente,
perto do trono de Deus.

"Meu Senhor,
que está vindo
nas nuvens de glória,
Anseio pelo dia
Em que me abraçarás!
Perto de Teu trono glorioso,
para sempre compartilharemos o amor
que não pudemos compartilhar na terra,
e nos recordaremos juntos do passado.
Oh! Irei para o reino celestial
Com danças
Quando o Senhor me chamar!
Oh, o reino celestial!"

O Autor:
Dr. Jaerock Lee

Dr. Jaerock Lee nasceu em Muan, Província Jeolla Sul, República da Coréia do Sul, em 1943. Aos vinte anos, Dr. Lee sofria de várias doenças incuráveis. Por sete anos seguidos esperou a morte sem esperança de recuperação. Um dia, durante a primavera de 1974, foi levado por sua irmã a uma Igreja e, quando se ajoelhou para orar, o Deus vivo imediatamente o curou de todas as enfermidades.

No momento em que Dr. Lee conheceu o Deus vivo através daquela incrível experiência, ele amou a Deus com todo o seu coração e sinceridade e, em 1978, foi chamado para ser servo de Deus. Ele orava tão fervorosamente que podia entender claramente a vontade de Deus e cumpri-la totalmente. Ele obedeceu à Palavra de Deus. Em 1982, fundou a Igreja Manmin Joong-ang, em Seul, Coréia do Sul. Inúmeras obras, incluindo curas milagrosas e maravilhas, tomaram lugar naquela Igreja.

Em 1986, Dr. Lee foi consagrado pastor na Assembléia Anual da Igreja Sungkyul e, quatro anos depois, em 1990, seus sermões foram transmitidos para Austrália, Estados Unidos, Rússia, Filipinas e muitos outros locais ao longo da Companhia de Transmissão do Extremo Oriente, a Estação de Transmissão Asiática e o Sistema de Rádio Cristão de Washington.

Três anos depois, em 1993, a Igreja Central Manmin Joong-ang foi escolhida uma das "Cinqüenta maiores Igrejas do Mundo" pela revista *Christian World* e o Dr. Lee recebeu o Doutorado Honorário em Divindade pela Escola da Fé Cristã, na Flórida, Estados Unidos. Em 1996, tornou-se P.H.D em Ministério pelo Seminário Teológico de Kingsway, em Iowa, nos Estados Unidos.

Desde 1993 Dr. Lee se dedicou a missões em várias Cruzadas Internacionais, como na Tanzânia, Argentina; Los Angeles, Baltimore, Havaí, e Nova Iorque nos EUA; Uganda, Japão, Paquistão, Quênia, Filipinas, Honduras, Índia, Rússia, Alemanha, Peru, República Democrática do Congo, Israel e Estônia.

Em 2002, foi chamado de "pastor internacional" pela maioria dos jornais Cristãos na Coréia, pelo seu trabalho nessas cruzadas. Em especial, sua Cruzada de Nova Iorque, em 2006, realizada no Madson Square Garden, a arena mais famosa do mundo, foi transmitida a 220 nações; e na Cruzada Unida de Israel, em 2009, realizada no Centro Internacional de Convenções em Jerusalém, ele proclamou corajosamente que Jesus Cristo é o Messias e o Salvador. Seu sermão é transmitido a 176 nações via satélite, incluindo a TV GCN, e ele foi listado entre os 10 Líderes Cristãos Mais Influentes de 2009 e 2010 pela popular revista russa cristã, *In victory; e o Chrsitian Telegraph* destacou seu poderoso ministério televisivo e de pastor internacional de igrejas.

Conforme dados de abril de 2012, a Igreja Central Manmin é uma congregação de mais de 120.000 membros. São 10.000 congregações espalhadas pelo mundo, incluindo 55 domésticas. Até agora, mais de 129 missionários foram enviados a 23 países, incluindo os Estados Unidos, Rússia, Alemanha, Canadá, Japão, China, França, Índia, Quênia e muitos outros.

Até hoje, Dr. Lee escreveu 64 livros, incluindo os Best Sellers *Experimentando a Vida Eterna antes da Morte; Minha Vida Minha Fé I & II; A Mensagem da Cruz; A Medida da Fé; Céu I & II; Inferno e O Poder de Deus*. Suas obras foram traduzidas para mais de 73 línguas.

Suas colunas cristãs aparecem nas seguintes publicações: *The Hankook Ilbo, The JoongAng Daily, The Chosun Ilbo, The Dong-A Ilbo, The Munhwa Ilbo, The Seoul Shinmun, The Kyunghyang Shinmun, The Hankyoreh Shinmun, The Korea Economic Daily, The Korea Herald, The Shisa News, e The Christian Press.*

Dr. Lee é atualmente o fundador e presidente de várias organizações missionárias e associações, como a *The United Holiness Church of Jesus Christ,* Presidente; Missão Mundial da Manmin, Presidente; Associação Missionária de Avivamento Cristão Global, Presidente; Rede Global Cristã, Fundador e Presidente da Diretoria; Rede Mundial de Médicos Cristãos, fundador e Presidente da Diretoria; e Seminário Internacional de Manmin, Fundador e Presidente da Diretoria.

Céu I: Claro e Lindo como Cristal

Um esboço detalhado dos ambientes maravilhosos que os cidadãos do céu desfrutam e as lindas descrições dos diferentes níveis dos reinos celestiais.

Minha Fé Minha Vida I & II

Uma história comovente de como a fé verdadeira supera todo tipo de tribulação e atrai as obras de fogo do Espírito Santo na igreja

A Mensagem da Cruz

Uma poderosa mensagem para despertar todas as pessoas que estão dormindo espiritualmente. Nesse livro podemos ver porque Jesus é o único Salvador e encontrar o verdadeiro amor de Deus.

A Medida da Fé

Que tipo de lar celestial, coroa e recompensa estão preparados para você no céu? Esse livro fornece, com sabedoria, meios para você medir sua fé e cultivá-la de modo a torná-la melhor e mais madura.

Inferno

Uma mensagem profunda de Deus, que não deseja que nem uma alma sequer vá para as profundezas do inferno, a toda a humanidade! Você descobrirá coisas nunca antes reveladas sobre a cruel realidade do Ades e do inferno.

www.ingramcontent.com/pod-product-compliance
Lightning Source LLC
Chambersburg PA
CBHW020232130626
46549CB00005B/1845